Die Lehren des großen Regens

Jupp Hartmann

Die Lehren des großen Regens

Eine philosophische Reise ins alte China und zurück

Bibliografische Information der Deutschen Nationalbibliothek: Die Deutsche Nationalbibliothek verzeichnet diese Publikation in der Deutschen Nationalbibliografie; detaillierte bibliografische Daten sind im Internet über dnb.dnb.de abrufbar.

Herstellung und Verlag: BoD – Books on Demand, Norderstedt

ISBN: 978-3-7526-2692-6

Inhalt

Das Regenwasser auf dem Feld

fließt in die See,

Worte ins Ohr geflüstert

sind über tausend Meilen hörbar.

(Huainanzi)

Erstes Kapitel: Ausschau nach besseren Zeiten

1.

Die Erde brennt. Das steht auf einem Pappschild, das ein kleiner Junge in die Höhe hält. An einem kalten Novembertag 2019. Trotz der Kälte sind viele auf die Straße gegangen. Allein in Hamburg über 60.000, sagen die Veranstalter. Es geht um eine andere Klimapolitik. Um die Zukunft der Menschheit. Ist das wirklich der passende Zeitpunkt, um ein Buch über philosophische Debatten zu schreiben, die vor Jahrtausenden geführt wurden?

Manchmal ist es wichtig, Abstand zu gewinnen. Das bringt auf neue Gedanken. Wir leben in einer Zeit, in der zu viel getan wird. Hektik und Leistungsdruck bestimmen unseren Alltag. Es scheint nur eine Richtung zu geben: Immer schneller, immer mehr! Mit verheerenden Folgen.

Kann man das Nichttun lernen? Nichttun als Rebellion. Als Sand im Getriebe. Als Auflehnung gegen eine Logik, die überall nach Nutzen sucht. Aus deren Perspektive die Natur bloß eine Rohstoffquelle ist. Und Menschen bloß Arbeitskräfte. Humankapital.

Gibt es einen Ausstieg aus dem Nützlichkeitsdenken? Ist es möglich, mit dem scheinbar Nutzlosen in Frieden zu leben, es vielleicht sogar respektvoll zu betrachten?

Und was hieße das? Geht das nur über rigorose Einschränkungen oder gibt es attraktivere Wege? Ist Triebverzicht eine Lösung oder können wir unsere Begierden so steuern, dass wir Alternativen zu unserer gewohnten Lebensweise als lustvoll empfinden? Sollte man auf Vorbilder vertrauen? Oder gar auf die Macht der Musik? Können wir uns selbst erziehen? Wie lernen wir zu sein, wer wir sind? Gibt es so etwas wie unsere wahre Natur?

Um Antworten auf diese und viele andere Fragen zu finden, unternimmt dieses Buch eine Expedition ins alte China, eine Zeitreise durch die Jahrtausende. Fernab von den brennenden Problemen der Gegenwart sucht es nach Stoff für aktuelle Debatten. Wenn wir nach neuen Wegen suchen, dann ist es unumgänglich, nicht immer den gleichen ausgetretenen Pfaden zu folgen, sondern einmal andere Richtungen einzuschlagen.

In Europa haben sich sehr wirkungsvolle Erklärungsmuster herausgebildet, mit denen wir der Welt begegnen. Wir verdanken ihnen viel: unsere moderne Technik, medizinischen Fortschritt, auch Freiheit und Menschenrechte. Aber diese Erklärungen haben ihre blinden Flecken, die man von innen kaum wahrnimmt. Darum ist es sinnvoll, den Dunstkreis der eigenen Kultur von Zeit zu Zeit zu verlassen. Nicht weil eine andere besser wäre, sondern weil wir aus der Distanz besser sehen, wo sich unser Denken festgefahren hat. Im Spiegel ferner Länder und fremder Zeiten entdecken wir uns selbst.

2.

Der Kaiser wollte nicht sterben. Niemals! Er hatte entsetzliche Angst vor dem Tod. Das Thema Sterben war in seiner Gegenwart Tabu. Trotzdem beherrschte es sein ganzes Leben. Er wollte für immer herrschen und glaubte, er, der Herrscher über alles unter dem Himmel, habe ein Anrecht auf ewiges Leben. Und falls er doch sterben müsste, wollte er auch im Jenseits der mächtigste aller Potentaten bleiben. Deshalb ließ er sich als Grabbeigabe eine ganze Armee lebensgroßer Figuren aus Terrakotta anfertigen, aufgestellt in Reih und Glied, mit Pferden und Wagen und allem, was dazugehört.

Seine Macht im Jenseits stand allerdings auf tönernen Füßen. Schon wenige Jahre nach seinem Tod dezimierten wütende Bauern die Terrakotta-Armee, warfen viele Figuren um und zertrümmerten sie.

Der Kaiser hatte schließlich doch sterben müssen. Dabei hatte er alles versucht. Als er auf einer Reise durch sein Reich ans Meer kam, hörte er von den fernen Inseln der Unsterblichen. Er schickte Schiffe aus, um von dort das Elixier der Unsterblichkeit zu beschaffen. Die Schiffe kehrten nie zurück. Auch eine weitere Expedition blieb erfolglos. So musste er dem Tod auf einem anderen Weg entrinnen. Er versammelte Heiler um sich, nahm vermeintliche Wundermittel. Die enthielten Quecksilber. Er starb schließlich an einer Quecksilbervergiftung. Je weiter die Krankheit fortschritt, umso paranoider sah er sein Leben von allen Seiten bedroht.

Also brachte ihn der Versuch, sein Leben zu verlängern, vorzeitig ins Grab. Ihn, den mächtigsten Mann der Welt. Ihn, den alle fürchteten. Hier war seine Macht zu Ende. Dabei schien sie wirklich unbegrenzt.

Er hatte es geschafft, nach mehreren Jahrhunderten, die als die Epoche der Streitenden Reiche in die Geschichte eingehen sollten, im Jahre 221 vor unserer Zeitrechnung das chinesische Reich wieder zu einen. Er, der König von Qin, hatte in langen Kriegen die anderen Königreiche besiegt. Alle mussten sich ihm unterwerfen. Er gab sich den Namen Shi Huangdi, erster erhabener Gottkaiser.

Er hatte alles unter Kontrolle. Ein ausgeklügeltes Überwachungssystem sollte sicherstellen, dass seine Macht selbst im letzten Winkel spürbar sei. Auf kleinste Vergehen standen grausame Strafen, und wer fremde Verfehlungen nicht meldete, wurde dafür bestraft, als seien es die eigenen. Qin Shi Huangdi ließ bis zu einer Million Menschen zwangsrekrutieren, zum Bau der Chinesischen Mauer und seines Mausoleums.

So sehr er um sein Leben besorgt war, so wenig kümmerte ihn das Leben anderer. Wer nicht in seine Ordnung passte, wurde liquidiert. Er ließ hunderte Gelehrte lebendig begraben. Die Bücher der Hundert Schulen, einem bunten Nebeneinander philosophischer Strömungen, ließ er verbrennen. Was nicht der Staatslehre entsprach, war verboten.

Damit schien eine jahrhundertealte Diskussion endgültig entschieden zu sein. Im Streit um die richtige Art der Staatsführung hatten sich die Legalisten durchgesetzt, extreme Law and Order Politiker. Gesetze mussten genau befolgt werden. Nach Wortlaut. Wer nicht gehorchte, riskierte sein Leben.

Einmal wäre ein Attentat auf den Kaiser beinahe gelungen, weil zunächst niemand unter den Bediensteten wagte, ihm zu Hilfe zu kommen. Denn das hätte geheißen, den gebotenen Mindestabstand zum Kaiser nicht einzuhalten und darauf stand der Tod – Gesetz war Gesetz und musste ohne Wenn und Aber beachtet werden.

Die Legalisten hatten also gesiegt, nicht durch Argumente, sondern durch rohe Gewalt. Ihre Gegner, darunter die konfuzianischen Gelehrten, wurden gnadenlos verfolgt.

Die Konfuzianer hatten eine grundlegend andere Vorstellung von staatlicher Ordnung. Sie waren der Überzeugung, dass Gewalt das falsche Mittel sei, um einen Staat zusammenzuhalten und setzten stattdessen auf die Kultur, vor allem auf Musik und Riten.

Was ist stärker, Kultur oder Gewalt? Um diese Frage ging es. Die Gewalt war scheinbar überlegen. Düstere Zeiten.

3.

Aber das letzte Wort war nicht gesprochen. Gewalt war ein probates Mittel gewesen, um Macht anzuhäufen, aber es zeigte sich, dass sie nicht dazu taugte, stabile Verhältnisse zu schaffen. Der Druck auf die Untertanen war so groß, dass es trotz aller Repressionen zu Aufständen kam, die schon wenige Jahre nach dem Tod des Kaisers seine Dynastie hinwegfegten.

Die Han Dynastie, die nun für ein halbes Jahrtausend den Ton angab, setzte auf Konfuzius, auf Musik und Riten. Ein klarer Punktsieg der Kultur über die Gewalt. Natürlich hatten die konfuzianischen Klassiker die Bücherverbrennung überlebt. In Konfuzius' Heimatstadt Qufu kann man noch heute eine Mauer bewundern, in der seine Nachfahren die gefährdeten Schriften in einem Loch versteckt hatten. Gedanken, die einmal in der Welt sind, lassen sich so leicht nicht mehr ausrotten. Der Konfuzianismus wurde unter den Han Kaisern zur Staatsdoktrin. Ein paar Jahrhunderte später konnte man nur noch Beamter werden, wenn man die konfuzianischen Klassiker auswendig beherrschte. Mit relativ kurzen Unterbrechungen hielt sich dieses Auslesesystem über viele Dynastiewechsel hinweg bis ins 20. Jahrhundert.

Gewalt durch Kulturtechniken auf ein Minimum zu reduzieren, ist letztlich das Programm des Konfuzianismus. Die chinesischen Kaiser vereinigten auf sich viel Macht. Aber mit der Verehrung des Konfuzius und seiner Lehre bekannten sie sich zu Maßstäben, an denen ihr Umgang mit der Macht gemessen werden konnte.

Dass ein Herrscher wie Qin Shi Huangdi, der nach einer möglichst großen Machtfülle strebte, seine Probleme mit der konfuzianischen Lehre hatte, kann von daher nicht verwundern. Zwar bringt diese dem Kaiser höchste Verehrung entgegen, aber der Preis ist hoch: Der Herrscher hat moralisches Vorbild zu sein, er soll Menschlichkeit, Rechtschaffenheit, Aufrichtigkeit, Sittlichkeit und Weisheit verkörpern. Ist das nicht der Fall, verliert seine Herrschaft ihre Legitimation. Ein Ja zu Konfuzius ist also auch ein Ja zu moralischen Grenzen der Macht.

Konfuzius verehrte Riten und die Verehrung des Konfuzius wurde schließlich selbst zum Ritus. Konfuziustempel wurden errichtet, mit Altären für Opfergaben. Generationen von Kaisern pilgerten dorthin und zeigten ihre Ehrerbietung. Die wenigsten von ihnen dürften wirklich dem Ideal eines konfuzianischen Herrschers entsprochen haben. Unter ihnen waren manche Despoten. Zwischendurch gab es auch immer wieder Zeiten voller Chaos.

Der Konfuzianismus konnte keine heile Welt hervorbringen. Aber er wirkte doch über mehr als zwei Jahrtausende hinweg zivilisierend. Unter seinem Einfluss kam es zu kulturellen Blütezeiten. Wie konnte er das schaffen? Was ist sein Geheimnis? Können wir davon für unsere Zeit etwas lernen?

4.

Von Konfuzius lernen? Ist das eine ernsthafte Option für unsere moderne Welt? Verlangt der Konfuzianismus nicht, dass der Untertan sich dem Herrscher unterordnet, die Frau dem Mann, der Sohn dem Vater und der jüngere Bruder dem älteren? Widerspricht das nicht fundamental so vielen positiven gesellschaftlichen Veränderungen der letzten Jahrzehnte? Disqualifiziert sich jemand mit solchen Vorstellungen nicht von vornherein?

Der Konfuzianismus, eine im Gestern erstarrte Lehre, überdeckt vom Staub der Jahrtausende, der jeden neuen Ansatz erstickt. Das war auch das Bild, das viele junge chinesische Intellektuelle im frühen 20. Jahrhundert hatten, als sie sich Gedanken darüber machten, warum ihr Land im Vergleich zu den westlichen Ländern zurückgeblieben war.

China war tief gedemütigt. Die westlichen Barbaren waren ins Reich eingefallen. Die Briten hatten Mitte des 19. Jahrhunderts die Chinesen in zwei Kriegen gezwungen, ihnen den Verkauf von Opium zu erlauben und Plätze für den Handel und die Mission zu öffnen. Die Europäer waren militärisch überlegen und irgendwie gelang es ihnen, daraus die Schlussfolgerung zu ziehen, auch kulturell und moralisch überlegen zu sein; sie kolonisierten und missionierten und niemand in China hatte die Macht, das zu verhindern.

Warum war die Begegnung mit dem Westen für China ein solches Desaster? Der Schuldige war schnell gefunden: Konfuzius. Sein Denken sollte für jahrhundertelangen Stillstand verantwortlich sein. Seinetwegen hatten Wissenschaft und Technik sich nicht so entwickelt wie im Westen. So wurde Konfuzius zum Feindbild vieler, die von einem modernen China träumten. Der Kampf gegen Konfuzius gipfelte schließlich in der Kampagne, die unter Mao gegen ihn geführt wurde.

Nun ist es nicht ganz falsch, Konfuzius für jahrhundertelangen Stillstand verantwortlich zu machen, und erschwerend im Sinne der Anklage kommt ein gewisser Vorsatz hinzu. Der Stillstand ist beabsichtigt. Die Idee eines gesellschaftlichen oder technischen Fortschritts im modernen Sinn hat im konfuzianischen Denken überhaupt keinen Platz. Das Ziel ist nicht Entwicklung, sondern Stabilität – und was ist stabiler als ein Zustand, der über Jahrhunderte hinweg weitgehend der gleiche bleibt?

Könnte man also vielleicht von Konfuzius Nachhaltigkeit lernen? Konfuzius als Philosoph einer Postwachstumsgesellschaft? So einfach ist es nicht. Rezepte für die Lösung unserer heutigen Probleme werden wir bei Konfuzius kaum finden. Aber der Versuch, ihn zu verstehen, gibt Einblick in eine so fremde Welt, dass manche Ideen unserer Zeit – auch die von Wachstum und Fortschritt – plötzlich gar nicht mehr selbstverständlich erscheinen.

Die Menschheitsgeschichte als Fortschrittsgeschichte. Von dem Tier, das den aufrechten Gang erlernt hat, über den Speer werfenden Jäger bis hin zum Mondflieger. Eine berauschende Erzählung. Aber nicht die einzig mögliche. Statt als Pfeil, der immer weiter in eine Richtung fliegt, kann man den Lauf der Geschichte auch als Kreis sehen. Alles ist im ständigen Wandel, aber letztendlich doch nur, damit der Kreislauf immer wieder neu beginnen kann.

Dass die Geschichte wie ein Pfeil verläuft, dafür würden sich viele moderne Menschen verbürgen, und sie könnten sich dabei auf die geschichtlichen Erfahrungen vieler Jahrhunderte verlassen. Dass die Geschichte aus Kreisläufen besteht, galt hingegen im alten China als verbürgt – und auch diese Vorstellung stützte sich auf die geschichtlichen Erfahrungen vieler Jahrhunderte.

Wir wissen heute ziemlich genau, wie Menschen im alten China ihre eigene Geschichte gesehen haben. Das verdanken wir vor allem den Hundert Schulen, philosophischen Strömungen aus der Zeit der Streitenden Reiche. Es waren chaotische, gewalttätige Zeiten. Die Hundert Schulen stritten über den richtigen Weg zu besseren Verhältnissen, und dabei bezogen sie sich immer wieder auf die Geschichte, auf die guten alten Zeiten, auf die früheren weisen Herrscher Yao und Shun. Die Sichtweisen der verschiedenen Richtungen gingen weit auseinander, auch ihre Interpretationen der Vergangenheit. Aber in wesentlichen Punkten war man sich über die grundlegenden historischen Ereignisse einig.

Es gab schon vor über zweieinhalb Jahrtausenden, zur Zeit der Streitenden Reiche, eine Chronik, die zwei Jahrtausende zurückreichte und drei Dynastien umfasste: das *Buch der Urkunden*. Buchhalterische Genauigkeit statt überschießender Phantasie? Das Buch gehört zu den kanonischen Schriften des Konfuzianismus. Konfuzius persönlich soll es redigiert haben.

Wie weit kann man einer Quelle trauen, die zeitlich von dem, was sie berichtet, so weit entfernt ist, wie wir von den alten Römern? Darüber streiten die Experten. In unserem Zusammenhang ist das jedoch nicht so wichtig, hier geht es vor allem darum, was die alten chinesischen Philosophen für historische Wahrheit hielten. Und das ist relativ klar.

5.

Drei drei drei – Issus Keilerei. Merksprüche um sich Jahreszahlen von Schlachten einzuprägen, gehörten in Europa über Generationen hinweg zum Schulalltag. Kriegsherren, Feldzüge, Schlachten: Der Geschichtsunterricht vermittelte das Bild eines fortwährenden Kampfes. Sieg oder Niederlage, das schien die zentrale Frage der Geschichte zu sein. Alexander der Große, Caesar, Karl der Große, die Superstars der Geschichtsbücher: allesamt Heerführer.

In der frühen chinesischen Geschichte hingegen spielt die existenzielle Bedrohung der Menschen durch die Naturgewalten eine viel größere Rolle. Das chinesische Kernland war sehr fruchtbar, da der Gelbe Fluss reichlich Sedimente anschwemmte. Es lockte eine reiche Ernte, doch diese war mit einem hohen Risiko verbunden. Flutkatastrophen machten immer wieder weite Landstriche unbewohnbar, der Gelbe Fluss änderte oft dramatisch seinen Lauf; um hier zu überleben, mussten sich die Menschen extremen klimatischen Bedingungen anpassen.

Ein Held in der Geschichte dieser Anpassung ist Yu der Große. Mit seinem Namen verbindet sich eine tiefe Erfahrung, die bis in die Gegenwart hinein grundlegende Bedeutung für die kulturelle Entwicklung Chinas hat.

Die Zeit vor etwa viertausend Jahren, in der Yu lebte, war – so wird berichtet – die Zeit des großen Regens. Über Jahre hinweg häuften sich die Überschwemmungen. Die Menschen schienen den Fluten ohnmächtig ausgeliefert zu sein. Auch Yus Vater war kläglich gescheitert. Man hatte ihn schließlich hingerichtet. Durch ihn war alles nur noch schlimmer gekommen. Er hatte Dämme gegen das Hochwasser bauen lassen, und normalerweise hätten sie gewiss standgehalten, doch es regnete immer weiter, die Dämme brachen und Yu verlor seinen Vater.

Aber er hatte aus dessen Fehler gelernt. Er hatte erfahren, dass sich die Gewalten der Natur nicht blockieren lassen. Regulieren statt Blockieren, auf diese Formel lässt sich Yus Erfolgsrezept bringen. Er ließ Kanäle bauen, Flüsse umleiten, dem Wasser Wege verschließen und andere öffnen. So konnte er die Wassermassen kontrollieren. Der König ernannte ihn zu seinem Nachfolger und Yu wurde der Begründer der Xia Dynastie.

Regulieren statt Blockieren. Das machte Schule. Es gehört sozusagen zur DNA der chinesischen Kultur. Nachgeben statt standhalten, die Kraft des Gegners so umlenken, dass dieser sich selber zu Fall bringt, ist das Geheimnis vieler ostasiatischer Kampfkünste. Nicht einzelne Symptome bekämpfen, sondern die Kräfte, die im Körper wirken, ins Gleichgewicht bringen, das zeichnet die traditionelle chinesische Medizin aus.

Nicht durch Kriege wurde Yu ein mächtiger König, nicht indem er neues Land eroberte, sondern indem er gefährdetes Land dauerhaft bewohnbar machte. Damit steht er in einer Reihe mit den großen mythischen Kaisern der chinesischen Frühzeit. Wenn man den alten Texten glauben mag, machten sie sich nicht mit Gewalt einen Namen, sondern mit der Weitergabe von Wissen.

Urkaiser Fuxi lehrte die Menschen die Jagd und den Fischfang mit Netzen, außerdem das Messen von Zeit und Entfernungen durch geknotete Schnüre; seine Gattin Nüwa gilt als Erfinderin der Musik. Kaiser Shen Nong, der Göttliche Landmann, lehrte die Menschen den Ackerbau und untersuchte die Wirkung unzähliger Pflanzen. Kaiser Yao bestimmte die Himmelsrichtungen und entwarf einen Kalender, seine Minister gelten als Erfinder der Astronomie. Auch Kaiser Shun beschäftigte sich mit dem Kalender, außerdem reformierte er Maße und Gewichte und führte ein milderes Strafsystem ein.

Kaiser, die durch das Sammeln und die Weitergabe von Wissen glänzten, Höfe, die im Grunde frühe Akademien waren, weise und milde Herrscher, das alles klingt sehr nach einem goldenen Zeitalter. Ob es dieses je gegeben hat, daran zu zweifeln gehört zur wissenschaftlichen Redlichkeit der Historiker. Zu dünn ist die Beweislage. In unserem Zusammenhang interessiert aber vor allem, wie Konfuzius und seine Zeitgenossen auf die Vergangenheit zurückblickten, und in ihren Augen – davon kann man mit ziemlicher Sicherheit ausgehen – war die alte Zeit wirklich eine gute alte Zeit.

Doch es gibt keine dauerhaften Zustände. Alles ist im Wandel. Auch das ist eine Grunderkenntnis der alten chinesischen Philosophie. Die Xia Dynastie die mit Yu dem Großen begonnen hatte, verkam im Laufe der Jahrhunderte und endete mit dem blutigen und unersättlichen Tyrannen Jie. Der wurde gestürzt von Tang, dem Begründer der Shang Dynastie, wieder einem Musteregenten. Doch die Geschichte wiederholte sich. Nach abermals mehreren Jahrhunderten wurde der grausame Tyrann Zhou, der letzte König der Shang Dynastie, vom Thron gestoßen. Die Sieger galten wieder als Vorzeigeherrscher. Sie begründeten die Zhou Dynastie. Ein paar Jahrhunderte lang herrschte wieder Ordnung, bis das Reich erneut im Chaos versank.

6.

Die chinesische Geistesgeschichte neigt nicht zu Utopien. Zukunftsentwürfe fehlen weitgehend. In schlechten Zeiten entstand stattdessen die Sehnsucht nach einer Rückkehr zur Ordnung der Vergangenheit. In diesem Wunsch unterschieden sich die meisten der Hundert Schulen kaum. Streit gab es eher um den Weg zurück und natürlich auch darum, wie die verklärte Vergangenheit denn genau ausgesehen hatte.

Die Zeiten wurden schlechter. In den Residenzen der Herrscher versuchten sich die Gelehrten Gehör zu verschaffen. Manche zogen von einem lokalen Herrscher zum nächsten, in der Hoffnung, irgendwo auf offene Ohren zu stoßen und Wirkung entfalten zu können.

Ihre Vorstellungen, wie man die Probleme der Gegenwart lösen könnte, waren natürlich sehr unterschiedlich. Es entspannen sich leidenschaftliche Debatten und die verschiedenen Denkweisen fanden ihre Anhänger. Schüler sammelten sich um die Protagonisten der Meinungsstreitigkeiten und so entstanden schließlich die Hundert Schulen. Jahrhunderte lebhafter geistiger Auseinandersetzungen folgten.

Auf diese Weise wurden die Zeiten des politischen Chaos auch die Zeiten einer geistigen Blüte. Die Epoche der Streitenden Reiche und die der Hundert Schulen – es ist die gleiche Zeit.

Zweites Kapitel: Konfuzius – Das Behagen in der Kultur

1.

Seine eigene Lehre hat er nie aufgeschrieben. Ihm ging es ja auch nicht darum, etwas Neues zu schaffen. Er wollte Traditionen bewahren oder wiederbeleben. Er träumte sich die guten alten Zeiten zu Beginn der Zhou Dynastie zurück. Deshalb befasste er sich mit alten Texten: dem *Buch der Wandlungen*, dem *Buch der Riten*, dem *Buch der Lieder*, dem *Buch der Urkunden* und den *Frühlings- und Herbstannalen des Staates Lu*.

Das Buch, das seine Lehre darlegt, die *Gespräche* (*Lun Yu*) wurde erst lange nach seinem Tod von seinen Schülern zusammengetragen. Es besteht aus zwanzig kurzen Büchern, unterteilt in einzelne Kapitel, die oft nur aus zwei, drei Sätzen bestehen. Auch wenn die einzelnen Bücher unterschiedliche Schwerpunkte haben, wirkt die Sammlung eher unsystematisch und fragmentarisch, vieles erscheint auf den ersten Blick banal.

So urteilt denn auch Hegel in seinen *Vorlesungen über die Geschichte der Philosophie*:

Wir haben Unterredungen von Konfuzius mit seinen Schülern, es ist populäre Moral darin; diese finden wir allenthalben, in jedem Volke, und besser; es ist nichts Ausgezeichnetes. Konfuzius ist praktischer Weltweiser; spekulative Philosophie

findet sich durchaus nicht bei ihm, nur gute, tüch-
tige, moralische Lehren, worin wir aber nichts Be-
sonderes gewinnen können. Ciceros De officiis, ein
moralisches Predigtbuch, gibt uns mehr und Bes-
seres als alle Bücher des Konfutse. Aus seinen
Originalwerken kann man das Urteil fällen, daß es
für den Ruhm des Konfutse besser gewesen wäre,
wenn sie nicht übersetzt worden wären. (S.142 f)

Hegel bemerkt durchaus zu Recht, dass es sich bei der
Lehre des Konfuzius nicht um spekulative Philosophie
handelt. Doch das Spekulative fehlt nicht aus Unver-
mögen, Konfuzius vermeidet es bewusst.

Ji Lu fragte über das Wesen des Dienstes der Gei-
ster. Der Meister sprach: »Wenn man noch nicht
den Menschen dienen kann, wie sollte man den
Geistern dienen können!« (Ji Lu fuhr fort): »Darf
ich wagen, nach dem (Wesen) des Todes zu fra-
gen?« (Der Meister) sprach: »Wenn man noch
nicht das Leben kennt, wie sollte man den Tod ken-
nen?« (XI, 11)

Spekulative Philosophie wirft neue Fragen auf und
sucht nach neuen Erkenntnissen. Sie steht im Dienste
des Fortschritts. Konfuzius hingegen sucht nicht nach
Neuem, sondern nach Altem. Er fordert dazu auf, uner-
müdlich zu lernen. Jedoch meint er damit nicht das Erlangen neuer Erkenntnisse im Sinne der modernen Wis-
senschaften. Ihm geht es vielmehr um ein möglichst
tiefes Verständnis überlieferter Weisheit.

Die *Gespräche* des Konfuzius beginnen mit folgendem Satz:

Der Meister sprach: »Lernen und fortwährend üben: Ist das denn nicht auch befriedigend?« (I, 1)

Lernen und fortwährend üben. Lernen und Üben sind hier eng miteinander verbunden. Ziel des Übens ist die richtige Lebenspraxis. Es reicht nicht zu wissen, was gutes Verhalten ist, man muss es immer wieder praktizieren, bis es in Fleisch und Blut übergeht. Es geht darum, sich dem Ideal möglichst weit anzunähern und dies ist für Konfuzius die traditionelle Lebensweise, die sich über viele Jahrhunderte hinweg bewährt hat.

Dass es sich nicht so sehr um intellektuelles Lernen handelt, kann man schon daran erkennen, dass zum konfuzianischen Lernen auch praktische Tätigkeiten wie Bogenschießen oder Wagenlenken gehören. Lernen heißt Selbstvervollkommnung und ist kontinuierliche, lebenslange Praxis (also Übung). Dabei ist die Rollenverteilung zwischen Lehrer und Schüler durchaus fließend:

Der Meister sprach: »Unter dreien habe ich sicher einen Lehrer. Ich suche ihr Gutes heraus und folge ihm, ihr Nichtgutes und verbessere es.« (VII, 21)

2.

Das beabsichtigte Ergebnis dieses Lernens erklärt Konfuzius anhand seiner eigenen Entwicklung:

Der Meister sprach: »Ich war fünfzehn, und mein Wille stand aufs Lernen, mit dreißig stand ich fest, mit vierzig hatte ich keine Zweifel mehr, mit fünfzig war mir das Gesetz des Himmels kund, mit sechzig war mein Ohr aufgetan, mit siebzig konnte ich meines Herzens Wünschen folgen, ohne das Maß zu übertreten.« (II, 4)

Ziel des lebenslangen Lernens ist also eine Übereinstimmung zwischen inneren Regungen und sittlichen Anforderungen. Es besteht kein grundsätzlicher Widerspruch zwischen den Herzenswünschen und dem rechten Maß. Man kann beides in Einklang bringen. Diese Kunst ist erlernbar. Eben deshalb führen Lernen und fortwährendes Üben zu Befriedigung. Dem Edlen gelingt es schließlich, sich selbst zur Sittlichkeit zu verführen.

Diese Vorstellung steht in starkem Kontrast zu der im Westen verbreiteten Vorstellung, Kultur und Zivilisation seien nur möglich durch die Unterdrückung individueller Triebe. Im Prozess der Zivilisation lernen die Einzelnen fremde Regeln über ihre ursprünglichen Triebe zu stellen, was zu einem latenten Gefühl der Unzufriedenheit führt. Freud spricht in diesem Zusammenhang vom Unbehagen in der Kultur.

Bei Konfuzius müsste man stattdessen eher von einem Behagen in der Kultur sprechen. Für ihn steht die Kultur nicht im Gegensatz zur menschlichen Natur, sie ist vielmehr deren Ausdrucksform. Ziel des Lernens ist es, mit ihr in Übereinstimmung zu kommen und sich auf diese Weise zum Edlen (*junzi*) zu vervollkommnen. Wer die Lebensweise eines Edlen einübt, erweitert die eigenen Möglichkeiten. Die angemessene Form ist keine Einengung, sie ist die Voraussetzung für angemessenes Handeln:

> *Der Meister sprach: »Ehrerbietung ohne Form wird Kriecherei, Vorsicht ohne Form wird Furchtsamkeit, Mut ohne Form wird Auflehnung, Aufrichtigkeit ohne Form wird Grobheit.« (VIII, 2)*

Wer die Form beherrscht, findet sich im Umgang mit anderen besser zurecht. Die Form zu beherrschen, bedeutet nicht, sie intellektuell zu verstehen, es bedeutet, sie so oft eingeübt zu haben, dass sie im Unbewussten gespeichert ist, sodass auch spontane, unbedachte Reaktionen ihr folgen.

Das zehntausendmal Wiederholte wird zu einer automatischen Handlung. Diese Methode des Lernens kann man auch im modernen China noch überall finden, z.B. wenn sich morgens oder abends Leute aus der Nachbarschaft in einem Park oder einem Innenhof treffen, um Tai-Chi zu üben. Normalerweise wird dabei nicht viel erklärt, jemand macht den Bewegungsablauf vor, die anderen folgen, Anfänger versuchen irgendwie mitzukommen. Wer regelmäßig trainiert, verfügt schließlich über ein großes Repertoire automatisierter Bewegungen, die der Körper, falls nötig, zum Beispiel zur Selbstverteidigung, blitzschnell ausführen kann, noch ehe analytisches Denken die Situation erfasst hat.

Wer ein Musikinstrument spielt, kann eine vergleichbare Erfahrung machen: Um frei aus dem Bauch heraus spielen zu können, ist es sehr hilfreich, wenn man vorher jahrelang immer wieder die gleichen Muster eingeübt hat, sodass man ohne nachzudenken Skalen hoch und runter spielen oder Akkorde greifen kann. Die Finger finden dann von allein die richtige Position. Da beginnt die eigentliche Freiheit, der souveräne Umgang mit dem Instrument.

Dementsprechend ist es auch das Ziel des konfuzianischen Lernens, das Richtige spontan, ohne Überlegung zu tun.

3.

Um zur richtigen Form, zur richtigen Lebensweise zu finden, gibt es aber keine allgemeingültigen Rezepte. Für jeden sieht der Weg dorthin anders aus.

Zi Lu fragte, ob er (die Lehren), die er gehört, sofort in die Tat umsetzen solle. Der Meister sprach: »Du hast doch noch Vater und Bruder (auf die du Rücksicht nehmen musst). Wie kannst du da alles Gehörte sofort ausführen?« Ran You fragte (ebenfalls), ob er (die Lehren), die er gehört, sofort in die Tat umsetzen solle. Der Meister sprach: »Ja, hast du etwas gehört, so handle auch danach.« Gong Xi Hua (hatte beides mit angehört und) sprach: »You fragte, ob er das Gehörte sofort ausführen solle. Da sprach der Meister: ›Du hast doch noch Vater und Bruder.‹ Qiu fragte, ob er das Gehörte sofort ausführen solle. Da sprach der Meister: ›Hast du etwas gehört, so handle auch danach.‹ Ich bin deshalb im Unklaren und erlaube mir, um Aufschluss zu bitten.« Der Meister sprach: »Qiu ist zögernd, deshalb muss man ihn antreiben; You hat einen Überschuss an Tatendrang, deshalb muss man ihn zurückhalten.« (XI, 21)

Lehren bedeutet bei Konfuzius, individuell auf die Situation der jeweiligen Schüler einzugehen. Sein Ziel ist die Charakterbildung, nicht die Vermittlung unumstößlicher Lehren. Was in einer Situation richtig ist, kann in einer anderen falsch sein. Darum scheut sich Konfuzius ein Verhalten von vornherein als generell möglich oder unmöglich zu betrachten. (Vgl. XVIII, 8)

Er will die richtige Praxis vermitteln, nicht die richtige Theorie. Im Gegensatz zu vielen westlichen Philosophen geht es ihm von daher nicht um die diskursive Wahrheitssuche. So kann es nicht verwundern, wenn es an einer Stelle heißt:

Der Meister sprach: »Irrlehren anzugreifen, das schadet nur.« (II, 16)

Die Sprache ist zwar immer wieder Mittel der Lehre, aber es geht nicht darum, die Welt sprachlich zu durchdringen.

Der Meister sprach: »Ich möchte lieber nichts reden.« Zi Gong sprach: »Wenn der Meister nicht

redet, was haben dann wir Schüler aufzuzeich-
nen?« Der Meister sprach: »Wahrlich, redet etwa
der Himmel? Die vier Zeiten gehen (ihren Gang),
alle Dinge werden erzeugt. Wahrlich, redet etwa
der Himmel?« (XVII, 19)

Da es um das angemessene Verhalten konkreter Perso-
nen in jeweils konkreten Situationen geht, werden allzu
feste, formulierbare Grundsätze schnell zur Einengung.

Von Ji, dem »Weisen«, hieß es, dass er alles erst
dreimal überlege, ehe er sich zum Handeln ent-
schließe. Der Meister hörte davon und sprach:
»Wenn er auch nur zweimal sich die Sachen über-
legt, so ist es schon gut.« (V, 19)

Konfuzius weist die strikte Regel zurück. Manchmal
verlangt die Situation spontanes Handeln, ein anderes
Mal ist es besser, gründlich zu überlegen. Sich jeweils
angemessen zu verhalten, erfordert Freiheit von starren
Regeln.

Konfuzianisches Lernen ist von daher nicht die sture
Aneignung von etwas Vorgegebenem, es ist eine innere
Entwicklung. Der Meister bietet eine Hilfestellung bei
der Selbstvervollkommnung. Aber er kann nur das
beim Wachsen unterstützen, was im Keim schon ange-
legt ist. Die Motivation muss von Seiten der Lernenden
kommen, sonst ist alles vergebens.

Der Meister sprach: »Wer nicht strebend sich be-
müht, dem helfe ich nicht voran, wer nicht nach
dem Ausdruck ringt, dem eröffne ich ihn nicht.

Wenn ich eine Ecke zeige, und er kann es nicht auf die andern drei übertragen, so wiederhole ich nicht.« (VII, 8)

4.

Lernen ist also nicht das Erlangen individuellen Wissens, sondern das Einüben des richtigen Verhaltens. Ziel ist es, ein *junzi*, ein Edler, zu werden, jemand der nicht auf äußere Erfolge, sondern auf die innere Entwicklung Wert legt:

Der Meister sprach: »Nicht das soll einen bekümmern, dass man kein Amt hat, sondern das muss einen bekümmern, dass man dafür tauglich werde. Nicht das soll einen bekümmern, dass man nicht bekannt ist, sondern danach muss man trachten, dass man würdig werde, bekannt zu werden.« (IV, 14)

Hat man dies erreicht, dann wirkt man unweigerlich förderlich auf seine Umgebung und kann durch das eigene Beispiel die Dinge zum Besseren hin bewegen. Folglich ist im konfuzianischen Denken die Selbstkultivierung der Schlüssel zu einer besseren Welt. Man muss bei sich selbst anfangen, dann kommt auch die Familie in Ordnung. Sind die Familien in Ordnung, dann kommt auch der Staat in Ordnung. Sind die Staaten in Ordnung, dann kommt auch die Welt in Ordnung. Wie die Wellen, die ein Stein erzeugt, der ins Wasser geworfen wird, so zieht auch die Bildung des eigenen Charakters immer weitere Kreise. Dies gilt natürlich in ganz besonderem Maße für den Herrscher, zu dessen wichtigsten Aufgaben es gehört, durch eigenes sittliches Verhalten auf sein Reich auszustrahlen.

Der Meister sprach: »Wer sich selbst regiert, was sollte der (für Schwierigkeiten) haben, bei der Regierung tätig zu sein? Wer sich selbst nicht regieren kann, was geht den das Regieren von andern an?« (XIII, 13)

Der Meister sprach: »Wer kraft seines Wesens herrscht, gleicht dem Nordstern. Der verweilt an seinem Ort und alle Sterne umkreisen ihn.« (II, 1)

Freiherr Ji Kang fragte den Meister Kong nach (dem Wesen) der Regierung. Meister Kong sprach: »Regieren heißt recht machen. Wenn Eure Hoheit die Führung übernimmt im Rechtsein, wer sollte es wagen, nicht recht zu sein?« (XII, 17)

Freiherr Ji Kang fragte den Meister Kong nach (dem Wesen) der Regierung und sprach: »Wenn man die Übertreter tötet, um denen, die auf rechtem Wege wandeln, zu helfen: wie wäre das?« Meister Kong entgegnete und sprach: »Wenn Eure Hoheit die Regierung ausübt, was bedarf es dazu des Tötens? Wenn Eure Hoheit das Gute wünscht, so wird das Volk gut. Das Wesen des Herrschers ist der Wind, das Wesen der Geringen ist das Gras. Das Gras, wenn der Wind darüber hinfährt, muss sich beugen.« (XII, 19)

Hier sind wir an einem ganz entscheidenden Punkt des konfuzianischen Denkens angelangt. Die Führung eines Staates soll nicht durch Gewalt erfolgen, sondern durch Kulturtechniken – oder um es in der Sprache des modernen Managements zu sagen: Soft Skills gehen vor Hard Skills.

Der Meister sprach:»Wenn man durch Erlasse leitet und durch Strafen ordnet, so weicht das Volk aus und hat kein Gewissen. Wenn man durch Kraft des Wesens leitet und durch Sitte ordnet, so hat das Volk Gewissen und erreicht (das Gute).« (II,3)

5.

Durch Kultur statt durch Gewalt zu herrschen, stellt sich Konfuzius folgendermaßen vor:

Der Meister sprach:»Wecken durch die Lieder, festigen durch die Formen, vollenden durch die Musik.« (VIII, 8)

Den Schönheitssinn der Menschen anzusprechen, sie über Schönheit und Spiel zur Entwicklung ihres sittlichen Charakters anzuspornen, ist übrigens ein Gedanke, der sich Jahrhunderte später auch in Friedrich Schillers Abhandlung *Über die ästhetische Erziehung des Menschen* findet. Schiller glaubt nicht an die Wirksamkeit moralischer Belehrungen. Stattdessen setzt er auf die menschliche Sinnlichkeit und den Spieltrieb, um moralisches Verhalten zu erlernen. Lust und Moral gehen Hand in Hand.

Musik und Riten sind nach Auffassung von Konfuzius von entscheidender Bedeutung für den Zusammenhalt einer Gemeinschaft. Es ist gut, viele Riten zu haben – und natürlich ist es wichtig, sie sorgfältig zu beachten. Reformen zu ihrer Vereinfachung betrachtet Konfuzius skeptisch.

Zi Gong wollte, dass das Opferschaf bei der Ver-
kündigung des neuen Mondes abgeschafft würde.
Der Meister sprach: »*Mein lieber Zi, dir ist es leid*
um das Schaf, mir ist es leid um den Brauch.«
(III, 17)

Die Lehre des Konfuzius ist zutiefst konservativ in Bezug auf die alten Sitten und Gebräuche. Aber sie zielt darauf ab, staatliche Gewalt so weit wie möglich zu reduzieren und die gesellschaftliche Ordnung auf das Einüben von Umgangsformen zu stützen.

Damit ist sie hochaktuell. Wir erleben zurzeit, dass vor allem durch das Erstarken des Rechtspopulismus, einige grundlegende Anstandsregeln in den politischen Debatten verloren gehen. Das ist gefährlich. Der Sprachgebrauch steuert Verhaltensweisen. Der Schutz zivilisatorischer Standards beginnt bei den Formulierungen, bei den Gesten, bei einem respektvollen Umgang mit anderen. Diese Dinge im alltäglichen Verhalten immer wieder einzuüben, ist grundlegend für die Praxis des Konfuzius.

Konfuzianisches Lernen ist also ein fortwährendes Üben, das in erster Linie auf das Verhalten abzielt.

Deshalb kommt es ohne starre Dogmen aus. Es geht nicht so sehr darum, die Welt zu erklären, sondern das Richtige in ihr zu tun. Es gibt zwar keine festen Regeln für Richtig und Falsch, aber es gibt einen Maßstab: *ren*. Übersetzt bedeutet *ren* in etwa *Menschlichkeit*. Um die genauere Bedeutung zu verstehen, muss man das Zeichen betrachten.

仁 (*ren, Menschlichkeit*) setzt sich zusammen aus zwei Bestandteilen, die für sich genommen jeweils Zeichen mit einer eigenständigen Bedeutung sind. Dies sind: 人 (*ren, Mensch*) und 二 (*er, zwei*). Das kombinierte Zeichen verweist auf das, was zwei Menschen im positiven Sinne verbindet: Sympathie, Empathie, Mitmenschlichkeit. Im Hinblick darauf stellt Konfuzius die berühmte Goldene Regel auf:

Zi Gong fragte und sprach: »Gibt es ein Wort, nach dem man das ganze Leben hindurch handeln kann?« Der Meister sprach: »Die Nächstenliebe. Was du selbst nicht wünschest, tu nicht an andern.« (XV, 23)

6.

Konfuzius zog dreizehn Jahre lang von Kleinstaat zu Kleinstaat auf der Suche nach einem Herrscher, der seine Lehre annehmen würde. Enttäuscht kehrte er schließlich in seinen Heimatstaat zurück. Er hatte seine treuen Schüler, aber ansonsten fand er wenig Gehör. Eine der wirkmächtigsten Gestalten der Menschheitsgeschichte litt zu Lebzeiten unter ihrer Erfolglosigkeit. Er, der zeitlebens für ein zivilisiertes Miteinander geworben hatte, musste schließlich erleben, wie Konflikte eskalierten. Seine letzten Lebensjahre sind die ersten Jahre einer Epoche, die als Zeit der Streitenden Reiche in die Geschichtsbücher eingehen wird.

Seine Lehre wirkte nicht so unmittelbar, wie er wollte, dafür aber umso nachhaltiger. Nicht nur, dass die chinesische Zivilisation mehr als zweitausend Jahre um Konfuzius kreiste – und wieder zunehmend kreist. Auch auf die europäische Geistesgeschichte hatte er Einfluss.

Wie aber kam Konfuzius nach Europa? Es waren die Jesuiten, die ihn in die europäische Geisteswelt einführten. Sie übersetzten im 17. Jahrhundert einige der konfuzianischen Klassiker.

Dafür hatten sie gute Gründe. Ihr Orden war schon eine Zeit lang in China am Wirken. Sie wollten ganz China zum Christentum bekehren, aber nicht wie spätere Missionare durch Predigten vor dem einfachen Volk. Den Jesuiten schwebte der große Coup vor. Sie wollten China auf einen Schlag christianisieren, von oben herab, indem sie den Kaiser auf ihre Seite brachten. Auf halbem Weg waren sie schon erfolgreich. Sie hatten am Hof Vertrauen erworben, weniger wegen ihres Glaubens, sondern weil unter ihnen brillante Wissenschaftler waren, z.B. Astronomen, deren Berechnungen diejenigen ihrer chinesischen Kollegen an Exaktheit übertrafen. Da das Erstellen des Kalenders zu den wichtigen Aufgaben des Kaisers gehörte, konnten sie schnell zu geschätzten Ratgebern aufsteigen.

Die konfuzianische Staatsdoktrin durften die Jesuiten allerdings nicht in Frage stellen, einschließlich des Ahnenkults und der rituellen Handlungen, die der Kaiser auszuführen hatte. Doch dieses Tabu bereitete ihnen keine großen Schwierigkeiten. Da der Konfuzianismus in religiösen und spirituellen Fragen nicht festgelegt ist, sahen sie ihn nicht als religiöse Konkurrenz, und Ahnenkult und Riten erklärten sie zu bloßen weltlichen Bräuchen ohne religiöse Relevanz. So konnten sie sich in das Leben am Hofe integrieren, die Gunst des Kaisers erwerben und schließlich – so hofften sie – eine Christianisierung mit dem Siegel des Kaisers durchführen. Wie seinerzeit in Rom unter Kaiser Konstantin.

Doch die Lässigkeit der Jesuiten im Umgang mit fremden Kulten teilten nicht alle. Konkurrierende Orden sahen darin eine Abkehr vom Glauben, einen Kniefall vor Irrlehren. Sie schwärzten die Jesuiten in Rom an. Der Papst musste entscheiden.

Die Jesuiten hatten also allen Grund, ihre Anerkennung der konfuzianischen Praktiken zu rechtfertigen. Sie mussten zeigen, dass sie sich nicht einer fremden Religion unterwarfen. Dass es sich vielmehr um eine Philosophie handle, einen Weg zu gutem Verhalten über die Vernunft. So wurden sie zu Anwälten des Konfuzius, machten ihn in Europa bekannt und missionierten auf diese Weise letztendlich in die entgegengesetzte Richtung.

Den Papst konnten sie allerdings nicht überzeugen. Der zwang sie, gegenüber dem chinesischen Kaiser die Unvereinbarkeit von Christentum und konfuzianischen Riten zu betonen. Daraufhin wurden fast alle Missionare aus China ausgewiesen.

Dass die Jesuiten Konfuzius nach Europa gebracht hatten, zeigte Nebenwirkungen, die sicher nicht im Sinne der katholischen Missionare waren.

Die Übersetzungen der konfuzianischen Schriften hatten nämlich eine starke Wirkung auf das Denken der europäischen Aufklärung. Man glaubte, darin wichtige Anregungen für eine Weiterentwicklung der eigenen Zivilisation zu finden, galten sie doch als Beweis dafür, dass es möglich war, allein auf die Vernunft gestützt eine gesellschaftliche Ordnung mit hohen moralischen Standards zu etablieren. Es bedurfte also nicht zwangsläufig religiöser Gebote und kirchlicher Autoritäten, um das menschliche Miteinander gut zu gestalten. Leibniz wollte sogar Missionare aus China nach Europa holen, auch Voltaire begeisterte sich für die chinesischen Klassiker. So spielte Konfuzius in Europa eine wichtige Rolle auf dem Weg in eine säkulare Gesellschaft. Ein Konservativer wurde zur Quelle revolutionärer Ideen.

7.

Heute, vor dem Hintergrund akuter Probleme wie dem Klimawandel, birgt vor allem ein anderer Aspekt des konfuzianischen Denkens revolutionäres Potenzial: Das Erlernen des richtigen Verhaltens durch fortwährendes Einüben.

Nach einer weit verbreiteten Meinung müssen wir auf vieles verzichten, um unseren Planeten zu schützen. Aber verzichten ist schwer, und sich ständig zu disziplinieren, das geht auf die Dauer nicht gut. Nachhaltiger ist es, einen befriedigenden Weg zu finden, weniger zu brauchen. Der Weg geht über die Sinne. Über Verführung durch Musik und Riten. Über die Schönheit neuer Gewohnheiten. Und über das Einüben neuer Routinen, die ins Unbewusste einsinken und zu Automatismen werden.

Die ökologische Krise erfordert neue Lebensweisen, vom Freizeitverhalten über Essgewohnheiten bis zum Arbeitsalltag. Solche Lebensweisen einzuüben, sie mit Freude zu zelebrieren und immer weiter zu vervollkommnen, das wäre Lernen im Sinne des Konfuzius.

Drittes Kapitel: Laozi – Tun durch Nichttun

1.

Über Jahrtausende lässt sich die Linie der männlichen Nachkommen des Konfuzius zurückverfolgen – bis auf den heutigen Tag. Es gibt detaillierte Berichte über sein Leben. In Qufu, seiner Geburtsstadt, finden sich noch seine Spuren: die Terrasse, auf der er sich mit seinen Schülern traf, und der Grabhügel, der seine Knochen bedeckt.

Ganz anders steht es um Laozi, den anderen Superstar der alten chinesischen Philosophie. Seine Gestalt entzieht sich der historischen Gewissheit. Die Fachleute streiten sogar darüber, ob es ihn überhaupt gegeben hat.

Laozi ist eigentlich kein Name. Es bedeutet *alter Meister*. Es könnte aber auch Plural sein: *die alten Meister*. Eine ganze Traditionslinie womöglich? Diese These kam im 20. Jahrhundert in Mode, blieb reine Spekulation, veranschaulicht aber, wie wenig wir tatsächlich über Laozi wissen. Wir müssen uns mit Legenden begnügen.

In der chinesischen Malerei wird er oft auf einem Wasserbüffel reitend dargestellt: Laozi auf dem Weg ins Exil. Er soll ein hoher Beamter gewesen sein, Archivar der königlichen Bibliothek von Zhou. Im Alter wanderte er aus. Der Wächter des Grenzpasses hielt ihn auf und drängte ihn, seine Weisheit weiterzugeben. So entstand der Legende nach das *Daodejing*, das Buch vom Weg und der inneren Kraft.

2.

Das *Daodejing* ist nach der Bibel das meistübersetzte Buch der Geschichte. Dass es so viele unterschiedliche Übersetzungen gibt, liegt sicher auch daran, dass jeder Versuch unzureichend bleiben muss und so immer die Herausforderung besteht, es besser zu machen.

Wer versucht, das *Daodejing* z.B. ins Deutsche zu übertragen, wird immer wieder gezwungen, sich auf eine Interpretation festzulegen, wo das Original für mehrere Deutungen offen ist. Das liegt an der unterschiedlichen Struktur der beiden Sprachen.

Schon beim Versuch, die chinesischen Schriftzeichen in eine phonetische Schrift wie die lateinische zu übertragen, geht viel verloren. Beginnen wir mit dem Wort *dao*: Normalerweise übersetzt man es mit *Weg*, aber es finden sich auch andere Begriffe, z.B.: *Sinn, Verstand, Logos*.

道 (*dao*) setzt sich aus zwei Elementen zusammen. Das eine (links und unten) ist das Radikal. Wenn man ein unbekanntes Schriftzeichen sieht, das dieses Radikal enthält, dann kann man vermuten, dass es in weiterem Sinne etwas mit dem Thema *gehen* zu tun hat. Das andere Element 首 bedeutet als eigenes Schriftzeichen (*shou*) *Anführer* oder *Haupt*. Der Anführer bei einer

Jagd z.B. folgt der Fährte eines Wildes, es ist kein gerader, immer gleicher Weg. Es ist ein Weg mit Richtungswechseln. Es ist die Aufgabe des Anführers, die richtige Fährte zu finden, Umstände abzuwägen und zu entscheiden. Das heißt, sich gemäß der jeweiligen Lage zu verhalten. *Dao* bedeutet also zwar *Weg,* aber gemeint ist nicht der geebnete Weg, sondern der immer neu zu findende.

Nicht nur die Komplexität der Zeichen macht die Übertragung des Textes in europäische Sprachen so schwierig, sondern auch die völlig unterschiedliche Grammatik. Das Chinesische kennt keine Deklination und keine Konjugation der Wörter. Man kann *dao* als Singular lesen (also *Weg*), aber auch als Plural (*Wege*). Das Wort *ke* (*können*) kann bedeuten *man kann* oder *ich kann* oder *wir können* oder auch *man könnte* oder *wir könnten.* Auch neigt das klassische Chinesisch (wie auch in geringerem Maße das moderne) dazu, Sätze unvermittelt nebeneinander zu stellen, die im Deutschen durch Relativsätze oder Konnektoren (weil, wenn, wegen usw.) in eine eindeutige Beziehung zueinander gesetzt werden.

Aus alledem ergeben sich Schwierigkeiten. *Dao ke dao fei chang dao* (der erste Satz des *Daodejing*) kann wiedergegeben werden mit: *Könnten wir weisen den Weg, es wäre kein ewiger Weg* (Günther Debon), aber nicht weniger richtig wäre: *Wir können zwar Wege finden. Aber diese Wege sind nicht von Dauer* (eigene Übersetzung).

43

Übersetzen heißt also immer schon interpretieren, auf Kosten anderer möglicher Bedeutungen, die dabei verloren gehen. Oft sagen die Ergebnisse ebenso viel über das persönliche Verständnis der Übersetzenden aus wie über den ursprünglichen Text. Hier einige weitere Beispiele für unterschiedliche Wiedergaben der ersten sechs Zeichen des *Daodejing*: *Der Sinn, den man ersinnen kann, ist nicht der ewige Sinn* (Richard Willhelm). *Das Tao, das benannt werden kann, ist nicht das ewige Tao* (Chao-Hsiu Chen). *Ist die Führerin des Alls in Worten anführbar, so ist es nicht die ewige Führerin* (Erwin Rouselle). *Kann das Dao Dao sein, wenn es nicht das immerwährende Dao ist?* (Lutz Geldsetzer). Hegel schließlich übersetzte eine französische Übersetzung und kam dabei zu folgender Fassung: *Die (ursprüngliche) Vernunft kann unterworfen werden der Vernunft (oder: durch Worte ausgedrückt werden); aber dies ist die übernatürliche Vernunft.*

Die Vieldeutigkeit des Originals hat den daoistischen Texten und insbesondere dem *Daodejing* den Ruf eingebracht, schwer bis gar nicht verständlich zu sein. Wer aber nicht nach der wahren, verbindlichen Bedeutung des Textes sucht, sondern ihn als Anregung für das eigene Denken betrachtet, wird schnell fündig und der Text erweist sich als relativ unkompliziert. Es sind einfache Sätze in einfachen Worten. So erscheint es nur auf den ersten Blick verwunderlich, dass ausgerechnet das angeblich so geheimnisvolle *Daodejing* in China sogar als Kinderbuchtext zum Lesenlernen dient.

Gleichzeitig erklärt die Vieldeutigkeit des *Daodejing* zum Teil seine enorme Wirkung über die Jahrtausende hinweg. Während die Grammatik der europäischen Sprachen die Übersetzungen immer wieder zwingt, sich auf eine bestimmte Lesart festzulegen, schwingen im Original viele verschiedene Bedeutungen mit, die je nach Situation völlig unterschiedliche Anknüpfungspunkte bieten. Dieser Reichtum des Originaltextes ist nicht übertragbar. Eine Vorstellung davon bekommt man lediglich, wenn man die vielen Übersetzungen miteinander vergleicht.

So gehen auch die Meinungen darüber, was für ein Buch das *Daodejing* nun eigentlich sei, völlig auseinander. Während die einen darin ein mystisches oder gar religiöses Werk sehen, halten es andere, wie etwa der französische Sinologe Jullien, für eine durch und durch diesseitige Schrift über Strategie und Staatskunst. Die einen suchen darin den Pfad zur Erleuchtung, die anderen nach einem Weg zum Börsenerfolg, und wieder andere sehen darin eine intuitive Vorwegnahme von Erkenntnissen der modernen Naturwissenschaften (siehe Fritjof Capra: *Das Tao der Physik*).

3.

So unterschiedlich die verschiedenen Übersetzungen des *Daodejing* auch sind, sie stimmen doch weitgehend darin überein, dass das *dao*, immerhin das Thema des Buches, nicht endgültig durch Worte erklärbar ist.

Das *Daodejing* beginnt also mit Überlegungen über die Grenzen der Sprache. *Könnten wir nennen den Namen, es wäre kein ewiger Name* (Günter Debon), lautet der zweite Satz. Damit ist das *Daodejing* ein von Grund auf undogmatisches Werk. Es bietet keine Gewissheiten, sondern Hilfestellungen, sich auf das Ungewisse, den ständigen Wandel einzustimmen.

Dabei ist das *Daodejing* allerdings durchaus zu Erkenntnissen gekommen, die sich über die Jahrhunderte hinweg als tragfähig erwiesen haben. Die Gedanken dieses Textes hatten einen kaum zu überschätzenden Einfluss auf die geistige Entwicklung Ostasiens bis in die Gegenwart hinein.

Anders als der Konfuzianismus, der lebenslanges Lernen, also dauerhaftes Bemühen fordert, geht es in der daoistischen Philosophie um Gelassenheit und Ruhe.

Wei wu wei (*Tun durch Nichttun*) ist wohl das grundlegendste Prinzip des Daoismus. Damit ist nicht gemeint, dass man gar nichts tun sollte. Es bedeutet vielmehr, alles überflüssige Handeln wegzulassen, um desto effektiver das tun zu können, was die jeweilige Situation erfordert. Das kann über lange Strecken durchaus Nichttun (*wu wei*) sein, denn durch aktives Handeln erzeugt man leicht Gegenreaktionen und das Gegenteil dessen tritt ein, was man ursprünglich beabsichtigt hatte. Denn Gegensätze, so eine grundsätzliche Erkenntnis, bedingen einander.

Wenn auf Erden alle
das Schöne als schön erkennen,
so ist dadurch schon das Hässliche gesetzt.
Wenn auf Erden alle das Gute als gut erkennen,
so ist dadurch schon das Nichtgute gesetzt.
Denn Sein und Nichtsein erzeugen einander.
Schwer und Leicht vollenden einander.
Lang und Kurz gestalten einander.
Hoch und Tief verkehren einander. (...)
(Kapitel 2)

Beispiele aus dem Alltag finden sich schnell. Jemand klammert in einer Beziehung zu sehr, aus Angst verlassen zu werden – und wird genau deswegen verlassen. Jemand vertritt fanatisch eine Lehre – und schreckt damit andere ab, sich mit dieser Lehre zu befassen. Jemand überanstrengt sich dauerhaft, um Karriere zu machen – und landet schließlich im Krankenhaus statt auf dem Chefsessel.

Wer zu ehrgeizig ist, schädigt sich letzten Endes selbst. Das Streben nach Macht, Ruhm und Reichtum ist auf lange Sicht kontraproduktiv. Darum ist es besser, keine besonderen Ambitionen zu haben, bzw. sein Ego nicht in den Vordergrund zu stellen.

Der Himmel ist ewig und die Erde dauernd.
Die Ursache der ewigen Dauer
von Himmel und Erde ist
dass sie nicht sich selber leben.
Darum können sie dauernd Leben geben.
Also auch der Berufene:

Er setzt sein Selbst hintan,
und sein Selbst kommt voran.
Er entäußert sich seines Selbst,
und sein Selbst bleibt erhalten.
Ist es nicht also:
Weil er nichts Eigenes will,
darum wird sein Eigenes vollendet?
(Kapitel 7)

Hingegen ist Großtuerei letzten Endes zum Scheitern verurteilt. Teilweise liest sich das *Daodejing*, als hätten dem Verfasser Figuren aus der gegenwärtigen Weltpolitik vor Augen gestanden:

Wer auf den Zehen steht,
steht nicht fest.
Wer mit gespreizten Beinen geht,
kommt nicht voran.
Wer selber scheinen will,
wird nicht erleuchtet.
Wer selber etwas sein will,
wird nicht herrlich.
Wer selber sich rühmt,
vollbringt nicht Werke.
Wer selber sich hervortut,
wird nicht erhoben. (...)
(Kapitel 24)

Gewalt und Krieg passen nicht zu einer solchen Einstellung. So findet sich im *Daodejing* eine zutiefst pazifistische Grundhaltung:

Wer nach dem Dao dem Menschenherrscher hilft,
zwingt nicht mit Waffen die Welt.
Seine Art ist es, den Rückzug zu lieben.
Wo Kämpfer geweilt,
wachsen Disteln und Dornen.
Hinter den großen Heeren her
kommt sicher böse Zeit.
Der Tüchtige will Entscheidung und nichts mehr.
Er wagt nicht Eroberung mit Gewalt.
(Er sucht) Entscheidung, ohne sich zu brüsten,
Entscheidung, ohne sich zu rühmen,
Entscheidung, ohne stolz zu sein,
Entscheidung, weil's nicht anders geht,
Entscheidung, ferne von Gewalt. (...)
(Kapitel 30)

Nicht Gewalt und Stärke führen zu Erfolg, sondern Weichheit und Beweglichkeit. Diese Einsicht prädestiniert Laozi zum Strategieberater für soziale Bewegungen. *Das weiche Wasser bricht den Stein,* sang die Gruppe *Bots* in den 1980er Jahren. Es war ein Hit der Friedensbewegung. Der Gedanke geht auf das *Daodejing* zurück:

Auf der ganzen Welt gibt es nichts
Weicheres als das Wasser
Und doch in der Art, wie es dem Harten zusetzt,
kommt nichts ihm gleich.
Es kann durch nichts verändert werden.
Dass Schwaches das Starke besiegt
und Weiches das Harte besiegt,

*weiß jedermann auf Erden, aber niemand vermag
danach zu handeln.*
(Kapitel 78)

Ohne unnötiges Handeln, ohne Ambitionen, aber nicht ohne Wirkung, so ist der daoistische Weg. Dazu passen keine starren Ideologien, denn der Weg ändert sich mit den Zeiten, er ist langfristig weder vorhersehbar noch beschreibbar. Wohl aber lässt sich sagen, wie man ihn am ehesten findet. Nicht indem man wie Konfuzius sich ständig bemüht, sondern indem man seine Natur bewahrt und als Teil der Natur von ihr lernt, von ihren Kreisläufen und ständigen Wandlungen, vom Himmel, von der Erde und vom Wasser. Wer es schafft, den Zeitläuften ohne festgelegte Lehrmeinungen und vorgefasste Pläne zu begegnen, ist geistig beweglicher und kann flexibler reagieren. Deshalb ist es sinnvoll, gedanklichen Ballast abzuwerfen, innerlich leer zu werden, und dem Denken Freiräume zu schaffen, damit es sich entfalten kann.

Dreißig Speichen treffen sich in der Radnabe.
Deren Leere macht das Rad brauchbar.
Man formt Ton zu einem Gefäß.
Seine Leere macht das Gefäß brauchbar.
(11. Kapitel, eigene Übersetzung)

Das *Daodejing* ermutigt zu mehr Leere und zum Nichttun. Was brauchen wir eigentlich und was können wir alles weglassen? Was muss wirklich getan werden und was ist blinder Eifer? Das sind Fragen, von denen unsere Zukunft abhängt.

Viertes Kapitel: Zhuangzi – Gleichnisse gegen Denkschablonen

1.

Zhuangzi – Meister Zhuang – das ist der Name eines sehr alten Buches, in dem sich auch heutige Menschen leicht wiederfinden und leicht verlieren können. Es ist benannt nach dem chinesischen Philosophen Zhuang Zhou. Der hat jedoch selbst nur einen Teil davon verfasst. Der Rest des *Zhuangzi* wurde erst nach seinen Lebzeiten zusammengetragen, darunter etliche Anekdoten über Zhuang Zhou selbst. Neben dem *Daodejing* gilt es als Hauptwerk der daoistischen Philosophie.

Zhuang Zhou lebte vor über 2300 Jahren. Zur gleichen Zeit lehrte in Griechenland Aristoteles und in Indien verbreitete sich die neue Religion des Buddhismus. In China herrschte politisches Chaos. Es war die Zeit der Streitenden Reiche.

Während viele Gelehrte an die Fürstenhöfe drängten, um als Berater Einfluss zu gewinnen, zog Zhuang Zhou es vor, Abstand von den Mächtigen zu halten. Im *Zhuangzi* gibt es mehrere Geschichten darüber, wie er angebotene Ämter ablehnt. Ein wesentliches Thema des Buches ist die Gefahr, im Streben nach Macht, Reichtum und Anerkennung seine wahre Natur zu verlieren und auch andere Menschen nur noch aus dem Blickwinkel eigener Ambitionen wahrzunehmen.

Huizi war Minister im Staate Liang. Zhuangzi ging einst hin, ihn zu besuchen. Da hinterbrachte es jemand dem Huizi und sprach: »Zhuangzi ist gekommen und möchte Euch von Eurem Platze verdrängen!« Darauf fürchtete sich Huizi und ließ im ganzen Reiche nach ihm suchen, drei Tage und drei Nächte lang. Danach ging Zhuangzi hin und suchte ihn auf. Er sprach: »Im Süden gibt es einen Vogel, der heißt der junge Phönix. Ihr kennt ihn ja wohl? Dieser junge Phönix erhebt sich im Südmeer und fliegt nach dem Nordmeer. Er rastet nur auf heiligen Bäumen; er isst nur von der reinsten Kost und trinkt nur aus den klarsten Quellen. Da war nun eine Eule, die hatte eine verweste Maus gefunden. Als der junge Phönix an ihr vorüberkam, da sah sie auf und erblickte ihn. (Besorgt um ihre Beute) schrie sie: Hu! Hu! Nun wollt Ihr mich wohl auch von Eurem Staate Liang hinweghuhuen?« (Zhuangzi, XVII, 11)

2.

Im Zhuangzi wird keine unumstößliche Lehre dargelegt. Vielmehr wird die Einseitigkeit der Lehren der unterschiedlichen Schulen gezeigt. Das Buch rückt – in einer brillanten Sprache – die Grenzen der Sprache ins Bewusstsein und bringt mit viel Humor erstarrte Denkmuster wieder in Bewegung. Es zeigt die Relativität aller Maßstäbe. Selbst die Heiligen, die Tugendlehrer, stehen nicht jenseits aller Kritik:

Die Kumpane des Räubers Zhi fragten ihn einmal und sprachen: »Gibt es für einen Räuber auch einen rechten Weg?« Er antwortete ihnen: »Aber natürlich! Wie sollte er denn auskommen, ohne dem rechten Weg zu folgen? Er muss spüren, wo etwas versteckt ist: Das ist Achtsamkeit. Er geht als Erster rein: Das ist Mut. Er geht als Letzter raus: Das ist Eifer. Er muss wissen, was geht und was nicht: Das ist Weisheit. Er muss die Beute gut aufteilen: Das ist Gerechtigkeit. Dass ein Mann, dem auch nur eine von diesen fünf Tugenden fehlt, ein großer Räuber wird, das hat man unter dem Himmel noch nicht gesehen.«

Das heißt: Nicht nur die guten Menschen lassen sich vom rechten Weg leiten, den die Heiligen weisen, auch der Räuber Zhi muss ihn kennen, sonst kommt er nicht weit. Nun sind aber die Guten auf der Welt wenige und die Schlechten viele. Folglich ist der Nutzen der Heiligen für die Welt gering, ihr Schaden aber groß.

(Zhuangzi, X, 2, eigene Übersetzung)

Offensichtlich geht es in diesem Gleichnis nicht darum, falsche Moralvorstellungen durch richtige zu ersetzen. Vielmehr geraten scheinbar unumstößliche Wahrheiten ins Wanken. Beim Lesen verliert man sprichwörtlich den Boden unter den Füßen. Gewohntes erscheint aus einer ungewohnten Perspektive betrachtet plötzlich sehr fremd.

3.

Mit der gleichen Methode werden auch politische Fragestellungen behandelt. Der Weg zur Erkenntnis führt über die Verwirrung. In diesem Sinne gibt es Parallelen zwischen Zhuangzi und Sokrates. Die Erfahrung, dass der eigene Horizont begrenzt ist, kann schmerzhaft sein, aber nur so sind neue Einsichten möglich. Das ist mitunter eine Frage von Krieg und Frieden:

König Yong von Wei hatte mit dem Fürsten Mao aus dem Hause Tian einen Vertrag geschlossen. Aber der Fürst Mao aus dem Hause Tian hatte den Vertrag gebrochen. Da ergrimmte der König und wollte ihn erdolchen lassen.

Als der Kriegsminister davon hörte, da schämte er sich dessen und sprach: »*Ihr seid ein mächtiger Fürst und wollt durch einen gemeinen Kerl Eure Rache ausüben. Ich bitte, mir zweihunderttausend Bewaffnete zu geben, dann will ich ihn für Euch angreifen. Ich will seine Leute gefangennehmen und ihm seine Ochsen und Pferde wegführen und will ihm heiß machen, dass ihm's zum Rücken herausschlägt. Dann will ich ihm sein Reich wegnehmen, und wenn er voll Schrecken flieht, so will ich ihm den Rücken zerbläuen und ihm die Knochen zerbrechen.*«

Der Minister Ji hörte davon und schämte sich. Er sprach: »*Wenn man eine Mauer baut zehn Klafter hoch und man wollte, wenn die Mauer eben zehn Klafter erreicht hat, sie wieder zerstören, so würden die Fronarbeiter schwer darunter leiden. Nun haben wir seit sieben Jahren keinen Krieg mehr gehabt, das ist die Grundlage zur Weltherrschaft. Der Kriegsminister bringt nur Verwirrung, man darf nicht auf ihn hören.«*

Der Minister Hua hörte es, war unzufrieden darüber und sprach: »Wer tüchtig zu reden weiß darüber, dass man den Staat Qi angreifen solle, der schafft Verwirrung; wer tüchtig zu reden weiß darüber, dass man ihn nicht angreifen soll, der schafft ebenfalls Verwirrung. Und wenn einer behauptet, dass ihn angreifen oder nicht angreifen Verwirrung schaffe, der schafft auch Verwirrung.«

Der Fürst sprach: »Was ist aber dann zu tun?«

Jener sprach: »Wir müssen das Dao zu erfassen suchen, das ist alles.«

Huizi hörte davon und führte einen Weisen ein.

Der Weise sprach: »Es gibt ein Tier, das man die Schnecke nennt. Kennt Ihr das?«

Der Fürst sprach: »Ja.«

Jener fuhr fort: »Es liegt ein Reich auf dem linken Horn der Schnecke, das heißt das Reich des Königs Anstoß. Es liegt ein Reich auf dem rechten Horn der Schnecke, das heißt das Reich des Königs Rohheit. Fortwährend kämpfen diese beiden Reiche miteinander um ihr Landgebiet. Nach ihren Schlachten liegen die Gefallenen zu Zehntausenden umher. Sie verfolgen einander fünfzehn Tage lang, ehe sie zurückkehren.«

Der Fürst sprach: »Ei, was für ein leeres Gerede!«

Jener sprach: »Darf ich die Erfüllung geben?
Könnt Ihr Euch eine Grenze vorstellen, wo der
Raum aufhört?«
Der Fürst sprach: »Er ist grenzenlos.«
Jener sprach: »Wenn man von den Gedanken des
Grenzenlosen zurückkehrt zu einem Reich mit fes-
ten Grenzen, so ist das der Unendlichkeit ge-
genüber doch fast wie nichts?«
Der Fürst sprach: »Ja.«
Jener fuhr fort: »Inmitten der Endlichkeit da ist
ein Land namens Wei. Inmitten von Wei da ist eine
Stadt namens Liang. Inmitten von Liang seid Ihr, o
König. Ist nun ein Unterschied zwischen Euch und
dem König Roheit?«
Der König sprach: »Es ist kein Unterschied.«
Da ging der Gast hinaus, und der Fürst saß da,
verwirrt, als hätte er etwas verloren.
(Zhuangzi, XXV, 4)

Der Weise in dieser Geschichte geht nicht darauf ein,
welche Seite in dem Disput der Minister Recht hat. Er
zeigt vielmehr, dass die ganze Diskussion von einem
übergeordneten Standpunkt aus betrachtet sinnlos erscheint und nur von Selbstüberschätzung herrührt.

4.

Eine ähnlich starke Erschütterung seiner Überzeugun-
gen erfährt Zi Gong, ein Schüler des Konfuzius, in der
folgenden Geschichte:

Zi Gong war im Staate Chu gewandert und nach dem Staate Jin zurückgekehrt. Als er durch die Gegend nördlich des Han-Flusses kam, sah er einen alten Mann, der in seinem Gemüsegarten beschäftigt war. Er hatte Gräben gezogen zur Bewässerung. Er stieg selbst in den Brunnen hinunter und brachte in seinen Armen ein Gefäß voll Wasser herauf, das er ausgoss. Er mühte sich aufs äußerste ab und brachte doch wenig zustande.

Zi Gong sprach: »Da gibt es eine Einrichtung, mit der man an einem Tag hundert Gräben bewässern kann. Mit wenig Mühe wird viel erreicht. Möchtet Ihr die nicht anwenden?«

Der Gärtner richtete sich auf, sah ihn an und sprach: »Und was wäre das?«

Zi Gong sprach: »Man nimmt einen hölzernen Hebelarm, der hinten beschwert und vorn leicht ist. Auf diese Weise kann man das Wasser schöpfen, dass es nur so sprudelt. Man nennt das einen Ziehbrunnen.«

Da stieg dem Alten der Ärger ins Gesicht, und er sagte lachend: »Ich habe meinen Lehrer sagen hören: Wenn einer Maschinen benutzt, so betreibt er all seine Geschäfte maschinenmäßig; wer seine Geschäfte maschinenmäßig betreibt, der bekommt ein Maschinenherz. Wenn einer aber ein Maschinenherz in der Brust hat, dem geht die reine Einfalt verloren. Bei wem die reine Einfalt hin ist, der wird ungewiss in den Regungen seines Geistes. Ungewissheit in den Regungen des Geistes ist etwas, das sich mit dem wahren Dao nicht verträgt.

Nicht dass ich solche Dinge nicht kennte: ich schä-
me mich, sie anzuwenden.«
(Zhuangzi, XII, 11)

Die Ansichten des alten Mannes im Gemüsegarten sind nicht nur für Zi Gong irritierend. Sie sind für uns moderne Menschen eine ausgesprochene Provokation, schließlich gehört die Technik fest zu unserem Alltag, und wir sind schnell bereit, technische Neuerungen zu akzeptieren, vor allem, wenn sie uns mehr Bequemlichkeit verheißen. Da scheint die Vorstellung absurd, dass jemand selbst einen Ziehbrunnen ablehnt.

Es ist sehr unwahrscheinlich, dass die Haltung des Gärtners derjenigen Zhuangzis entspricht. Auch diese Geschichte verfolgt vor allem das Ziel der Verunsicherung. Statt auf den Nutzen des Fortschritts lenkt sie das Augenmerk auf dessen Kollateralschäden.

Die Feststellung des Alten, dass Technik grundlegende Veränderungen bei denen bewirkt, die sie nutzen, ist wiederum hochaktuell. Von dem kanadischen Philosophen und Kommunikationstheoretiker Herbert Marshall McLuhan (1911–1980) stammt der Satz „Das Medium ist die Botschaft." Wenn wir zum Beispiel fernsehen, dann werden wir zwar auch durch den Inhalt der Sendungen beeinflusst, in noch stärkerem Maße aber durch das Medium Fernsehen selbst, das unser Freizeitverhalten entscheidend verändert. Auch das Aufkommen der Smartphones hatte eine mächtige Wirkung auf das Verhalten der meisten Menschen. Unsere Aufmerksamkeit ist geteilt zwischen der digitalen und der analogen Welt, und die Zeitspanne, die wir üblicherweise einer Sache widmen, ist kürzer geworden.

Dass wir die technischen Möglichkeiten nutzen, die uns zur Verfügung stehen, ist eine Sache, eine andere ist, dass wir nur dann souverän mit diesen Möglichkeiten umgehen können, wenn wir uns der Veränderungen bewusst sind, die sie in uns hervorrufen.

5.

Nicht nur die Gegenstände, mit denen wir tagtäglich umgehen, sondern auch unsere Handlungen bestimmen unseren Blick auf die Welt. Wenn wir uns mit unseren Tätigkeiten zu sehr identifizieren, besteht die Gefahr, dass wir zu Gefangenen äußerlicher Dinge werden:

Wenn der Landmann nichts mehr zu tun hat mit Gras und Unkraut, so hat er nichts mehr, an das er sich halten kann; wenn der Kaufmann nichts mehr zu tun hat mit Gassen und Märkten, so hat er nichts mehr, an das er sich halten kann. Nur wenn die Menschen der Menge ihren tagtäglichen Beruf haben, so geben sie sich Mühe. Die Handwerker sind von der Geschicklichkeit und Handhabung ihrer Werkzeuge abhängig, um sich zu fühlen. Kann er nicht Geld und Gut anhäufen, so wird der Geizhals traurig. Wenn Macht und Einfluss sich nicht stetig ausdehnen, so wird der Ehrgeizige trostlos. Die Sklaven von Macht und Reichtum sind nur glücklich im Wechsel. Wenn sie eine Zeit fin-

den, in der sie wirken können, so können sie sich nicht des Handelns entlassen. Sie alle folgen ihrem Pfad mit derselben Regelmäßigkeit wie der Kreislauf des Jahres. Sie sind befangen in der Welt der Dinge und können sich nicht ändern. So rennen sie dahin, innerlich und äußerlich gefangen, versinken in der Welt der Dinge und kommen ihr Leben lang nicht wieder zu sich selbst. Ach, das ist traurig!
(Zhuangzi: XXIV, 4)

Den Gedanken, dass man durch seine alltäglichen Beschäftigungen Gefahr läuft, sich an die Außenwelt zu verlieren und nicht mehr zu sich selbst zu kommen, gibt es auch im Buddhismus. Auch dort geht es darum, sich aus der Verstrickung mit den äußeren Dingen zu lösen. Kein Wunder, dass Jahrhunderte nach Zhuangzi, als der Buddhismus sich in China ausbreitete, viele Buddhisten sich von Zhuangzis Philosophie angesprochen fühlten. Das Zusammentreffen mit dem Daoismus hatte starken Einfluss auf die Entwicklung des Chan-Buddhismus, im Westen besser bekannt unter dem japanischen Namen Zen.

6.

Zen geht davon aus, dass die Möglichkeiten intellektueller Erkenntnis begrenzt sind und ein tieferes Verständnis der Welt nur jenseits des begrifflichen Denkens möglich ist. So teilt Zen mit der Philosophie Zhuangzis auch den kritischen Blick auf die Sprache.

Wenn wir denken, benutzen wir Abstraktionen, das heißt, wir vereinfachen die Dinge. Wir lassen das weg, was in einem bestimmten Zusammenhang als unwesentlich erscheint. Dadurch entfernen wir uns aber zwangsläufig von der konkreten Wirklichkeit. Als Werkzeug und Orientierungshilfe ist die Sprache sehr nützlich, aber je stärker wir uns und unsere Mitwelt über unser begriffliches Denken zu ergründen suchen und je komplizierter unsere Gedanken dabei werden, desto mehr verheddern wir uns in der Ungenauigkeit unserer Abstraktionen.

Der Mensch ist durch seine Sprache nicht nur zu wesentlich komplexeren Erkenntnissen fähig als Tiere, sondern auch zu wesentlich komplexeren Trugschlüssen. Irren ist menschlich und Irren in großem Stil ist rein menschlich. Da kann eine kritische Distanz zu unseren sprachlichen Konstrukten nicht schaden. Wir kommen ohne Begriffe nicht aus, aber es ist auch wichtig, nicht an ihnen zu kleben:

Fischreusen sind da um der Fische willen; hat man die Fische, so vergisst man die Reusen. Hasennetze sind da um der Hasen willen; hat man die Hasen, so vergisst man die Netze. Worte sind da um der Gedanken willen; hat man den Gedanken, so vergisst man die Worte. Wo finde ich einen Menschen, der die Worte vergisst, auf dass ich mit ihm reden kann? (Zhuangzi XXVI, 10)

7.

Wir sind eingeengt durch die Worte, die wir benutzen, durch die Gedankenkonstruktionen, mit denen wir uns eingerichtet haben, und durch die Dinge, die wir tun. Wir können versuchen, diese Schranken zu überwinden, aber dazu müssen wir uns ihrer erst einmal bewusst werden. Der Wunsch, dazu beizutragen, zieht sich wie ein roter Faden durch die Texte des *Zhuangzi*.

Aber egal, wie weit wir mit unserer Erkenntnis kommen, es wird immer eine andere Perspektive geben, von der aus unsere großen Weisheiten beschränkt erscheinen. Wie sehr wir uns auch um Verständnis bemühen, wir kommen doch immer wieder in Situationen, in denen es uns geht wie dem Brunnenfrosch:

Kennt Ihr nicht die Geschichte vom Frosch im alten Brunnenloch, der einst zu einer Schildkröte des Ostmeeres sprach: »Wie groß ist doch meine Freude! Ich kann emporspringen bis auf den Rand des Brunnens. Will ich wieder hinunter, so kann ich auf den zerbrochenen Ziegelstücken der Brunnenwand ausruhen. Ich begebe mich ins Wasser, ziehe die Beine an, halte das Kinn steif und wühle im Schlamm. So kann ich eintauchen, bis meine Füße und Zehen ganz bedeckt sind. Wenn ich um mich blicke, so sehe ich, dass von all den Muscheln, Krabben und Kaulquappen in ihren Fähigkeiten mir keine gleichkommt. Auf diese Weise das Wasser eines ganzen Loches zur Verfügung zu haben und all das Behagen des alten Brunnens nach

Belieben auszukosten: Das gehört zum Höchsten.
Wollt Ihr nicht zuweilen kommen und Euch die Sa-
che besehen?« – Als aber die Schildkröte des Ost-
meeres ihren linken Fuß noch nicht im Wasser hat-
te, da war der rechte schon stecken geblieben. Da
zog sie sich vorsichtig wieder zurück und erzählte
vom Meer, das weit über tausend Meilen weit und
weit über tausend Klafter tief sei. Als zu Zeiten des
Herrschers Yu in neun von zehn Jahren Über-
schwemmungen gewütet, da sei das Wasser des
Meeres nicht angestiegen; als zu Zeiten des Herr-
schers Tang in sieben von acht Jahren große Dür-
re geherrscht, da sei es nicht von seinen Ufern zu-
rückgewichen. Alle äußeren Einflüsse, wie lange
sie auch wirkten, wie groß sie auch seien, brächten
keinerlei Veränderung hervor – das sei die Freude
des Ostmeeres. – Als der Frosch vom alten Brun-
nen das hörte, da erschrak er sehr und verlor vor
Überraschung fast das Bewusstsein.
(Zhuangzi, XVII, 9)

8.

Diese Geschichte dürfte eine der populärsten aus dem
Zhuangzi sein. In ihr können wir uns ebenso wiederfinden wie die Menschen vor über zweitausend Jahren.
Die mit Abstand bekannteste Geschichte des Zhuangzi
ist aber wohl der Schmetterlingstraum. Auch darin geht
es darum, etwas sicher Geglaubtes infrage zu stellen:

Einst träumte Zhuang Zhou, er sei ein Schmet-
terling. Ein Schmetterling, der umherflatterte, sich
wohl und glücklich fühlte und nichts wusste von
Zhuang Zhou. Plötzlich wachte er auf. Da war er
doch tatsächlich wieder Zhuang Zhou. Nun wusste
er nicht: Hatte Zhuang Zhou geträumt, er sei ein
Schmetterling – oder träumte der Schmetterling, er
sei Zhuang Zhou. Dabei ist doch zwischen Zhuang
Zhou und dem Schmetterling ganz gewiss ein
Unterschied. Also, die Dinge ändern sich.
(Zhuangzi: II, 12)

9.

Das Werk des Zhuangzi provoziert unser Denken und
führt uns dadurch zu uns selbst zurück. Es ermutigt
zum Rückzug aus dem Treiben des Alltags. Damit
scheint es eher ins Private als ins Politische zu führen.
In China sagt man, dass die Beamten in ihren aktiven
Zeiten üblicherweise Konfuzianer waren, dass sie aber
im Ruhestand zu Daoisten wurden. Zhuangzi galt als
geeignete Lektüre derjenigen, die der Politik den Rücken gekehrt hatten, der Ermüdeten und Enttäuschten.
Gewissermaßen ein Handbuch für Eskapisten.

In unserer heutigen Leistungsgesellschaft erscheinen
die Texte allerdings in einem ganz anderen Licht und
bekommen eine politische Brisanz. Mit ihrer vehemen-
ten Ablehnung des Nützlichkeitsdenkens entfalten sie
eine geradezu subversive Wirkung:

Meister Qi vom Südweiler wanderte zwischen den Hügeln von Shang. Da sah er einen Baum, der größer war als alle anderen. Tausend Viergespanne hätten in seinem Schatten Platz finden können. Der Meister Qi sprach: »Was für ein Baum ist das! Der hat gewiss ganz besonderes Holz.« Er blickte nach oben, da bemerkte er, dass seine Zweige krumm und knorrig waren, so dass sich keine Balken daraus machen ließen. Er blickte nach unten und bemerkte, dass seine großen Wurzeln nach allen Seiten auseinandergingen, so dass sich keine Särge daraus machen ließen. Leckte man an einem seiner Blätter, so bekam man einen scharfen, beißenden Geschmack in den Mund; roch man daran, so wurde man von dem starken Geruch drei Tage lang wie betäubt. Meister Qi sprach: »Gerade weil er nutzlos ist, ist dieser Baum so groß geworden. Genau aus diesem Grunde bleibt auch der Weise nutzlos.«
(Zhuangzi, IV, 5,)

Wenn wir einen Kulturwandel wollen, weg von einer auf Leistungsdruck und Konkurrenzkampf basierenden Gesellschaft, dann können wir im *Zhuangzi* unzählige inspirierende Gedanken finden. Zum Beispiel, dass zur Freiheit Muße gehört und dass sie sich nicht mit zu vielen Bedürfnissen und zu viel Ehrgeiz verträgt:

Lao Dan sprach: »Wandern in Muße ist Nicht-Handeln. Wunschlosigkeit ist leicht zu ernähren, und Bedürfnislosigkeit braucht keinen Aufwand.

*Die Alten nannten das: Wanderschaft, bei der man
die Wahrheit pflückt. Die aber Reichtum für ihr
Leben halten, sind nicht imstande, anderen ihr
Einkommen zu gönnen. Die Berühmtheit für ihr
Leben halten, sind nicht imstande, andern ihren
Namen zu gönnen. Die der Macht zugetan sind,
sind nicht imstande, andern Einfluss zu gewähren.
Haben sie diese Güter in der Hand, so zittern sie,
und wenn sie sie hergeben müssen, so kommen sie
in Trauer, und das Eine findet keinen Raum, wo es
sich spiegeln könnte. Wenn man ihre ewige Rast-
losigkeit betrachtet, so muss man sagen, dass das
die Leute sind, die der Himmel zur Sklaverei ver-
dammt hat.«* (Zhuangzi, XIV, 5)

10.

Auch für die gegenwärtigen Diskussionen über Öko-
logie und Klimawandel finden sich im *Zhuangzi* inte-
ressante Anregungen. Eines der Leitmotive des Buches
ist die Wertschätzung der Natur.

Die wörtliche Übersetzung des chinesischen Begriffs
für Natur *ziran* bedeutet *von selber so* oder auch *von
selber richtig.* Die Natur kommt ohne menschliche Ein-
griffe aus. Unser Handeln birgt also immer die Gefahr,
das Gleichgewicht der Natur zu zerstören.

*Dass Ochsen und Pferde vier Beine haben, das
heißt ihre himmlische Natur. Den Pferden die
Köpfe zu zügeln und den Ochsen die Nasen zu*

durchbohren, das heißt menschliche Beeinflus-sung. Darum heißt es: Wer nicht durch mensch-liche Beeinflussung die himmlische Natur zerstört, wer nicht durch bewusste Absichten sein Schicksal stört, wer nicht um des Gewinnes willen seinen Namen schädigt, wer sorgfältig sein Eigenes wahrt und nicht verliert: der kehrt zurück zu seinem wahren Wesen. (Zhuangzi, XVII, 6)

11.

Dass sich bei Zhuangzi viele dermaßen aktuelle Frage-stellungen finden, legt den Gedanken nahe, dass man-ches, was wir mit unserer modernen Zeit verbinden, gar nicht so neu ist. Offenbar gab es z.B. auch schon in alten Zeiten Raubbau an der Natur.

Wir aber erleben diese Phänomene in einer so ex-tremen Form, dass sie unsere Lebensgrundlagen zu zer-stören drohen. Ein grundlegender Wandel ist notwen-dig. Wir müssen etwas tun. Vor allem aber sollten wir vieles in Zukunft nicht mehr tun.

Zhuangzi kann uns dabei helfen. Mit seinem Humor und seinem Scharfsinn inspiriert er dazu, Denkschablo-nen abzulegen, die uns in unserem Hamsterrad gefan-gen halten. Und er lehrt uns, dass ein Leben im Ein-klang mit der Natur (auch der eigenen) nicht Verzicht, sondern Selbstfindung bedeutet – und eine lustvolle Angelegenheit ist, eine Befreiung.

Fünftes Kapitel: Die Hundert Schulen – Lehren im Wettstreit

Es ging natürlich nicht nur um Philosophie. Es ging auch um Macht und Einfluss. An den Fürstenhöfen wurden kluge Köpfe gebraucht. Wie konnte man Herrschaft sichern und im Kampf der Regionalmächte die Oberhand gewinnen? Welche Strategie war die beste? Die Lage war unübersichtlich und der kleinste Fehler konnte verhängnisvoll sein. Guter Rat war teuer. Das war die große Chance für umherziehende Gelehrte, in Amt und Würden zu kommen. Aber die Konkurrenz war groß. Da musste man schon etwas Besonderes bieten. So entstand im Wettstreit um das Ohr der Regenten eine Vielzahl von Lehren. Um die erfolgreichsten bildeten sich Schulen, die sich im Laufe der Zeit oft in verschiedene Richtungen aufspalteten. Auf diese Weise entfaltete sich die Debattierkunst und es kam zu einer geistigen Blüte, wie man sie in der Menschheitsgeschichte nur selten findet.

Im Folgenden sollen einige der Lehren aus jener Zeit kurz dargestellt werden.

1. Mozi: Mäßigung bis ins Grab

Über Jahrtausende hinweg haben vor allem die konfuzianische und die daoistische Philosophie eine große Wirkung entfaltet. Zur Zeit der Streitenden Reiche war auch die mohistische Lehre sehr einflussreich. Sie hatte jedoch wesentlich weniger Auswirkungen auf die weitere Entwicklung der chinesischen Kultur. Hingegen waren viele Westler, die sich in den letzten Jahrhunderten mit China beschäftigten, tief beeindruckt von Mozi. Bei ihm fanden sie manches, was ihrem eigenen, westlich geprägten Denken entsprach: formale Logik und Fortschrittsdenken, und für Christen war es nicht schwer, Parallelen zum Christentum zu entdecken; seine Vorstellung eines mit einem Willen begabten Himmels kam der des christlichen Gottes am nächsten. Wenn Mozi zur universellen Liebe zu allen Menschen auffordert, liest sich das fast wie ein Kommentar zur Bergpredigt Jesu, nur dass der Text ein halbes Jahrtausend älter ist:

Angenommen, jeder auf der Welt liebt universell und liebt andere wie sich selbst. Wird es dann noch ein respektloses Individuum geben? Wenn jeder seinen Vater, seinen älteren Bruder und seinen Kaiser als sich selbst betrachtet, wie kann er dann noch irgendein respektloses Gefühl hegen? Wird es noch irgendein unzufriedenes Individuum geben? Wenn jeder seinen jüngeren Bruder, seinen Sohn und seinen Minister als sich selbst betrachtet, wie kann er dann noch irgendein unzufriedenes Gefühl hegen? Deshalb wird es keine respektlosen Gefühle oder Unzufriedenheit geben. Wird es dann noch Diebe und Räuber geben? Wenn jeder andere Familien als seine eigene Familie betrachtet, wer wird dann stehlen? Wenn jeder andere Men-

schen als seine eigene Person betrachtet, wer wird dann rauben? Es wird also keine Diebe und Räuber geben. Wird es zu gegenseitigen Belästigungen zwischen den Häusern der Minister und zu Invasionen zwischen den Staaten der Feudalherren kommen? Wenn jeder die Häuser der anderen als seine eigenen betrachtet, wer wird dann stören? Wenn jeder die Staaten der anderen als seine eigenen betrachtet, wer wird dann einmarschieren? Deshalb wird es weder Unruhen unter den Ministerhäusern noch eine Invasion unter den Staaten der Feudalherren geben.

Wenn jeder in der Welt universell lieben wird; Staaten sich nicht gegenseitig angreifen; Häuser einander nicht stören; Diebe und Räuber aussterben; Kaiser und Minister, Väter und Söhne, alle liebevoll und respektvoll sind – wenn all dies geschieht, wird die Welt geordnet sein. Wie kann also der weise Mann, der das Imperium zu regieren hat, es versäumen, Hass zu zügeln und Liebe zu fördern? Wenn es also universelle Liebe in der Welt gibt, wird sie geordnet sein, und wenn es gegenseitigen Hass in der Welt gibt, wird sie ungeordnet sein. Aus diesem Grund besteht Mozi darauf, die Menschen dazu zu bewegen, andere zu lieben. (Mozi: 4. Buch, Universelle Liebe I, 4 -5)

Mit der Forderung, alle Menschen gleichermaßen zu lieben, unabhängig von Familien- oder Staatszugehörigkeit, hebt sich Mozi von der Betonung familiärer Werte in der konfuzianischen Ethik ab. Der Konfuzianer Mengzi (Menzius) sieht darin dementsprechend eine Bedrohung von Liebe und Pflicht im Sinne des Konfuzius.

Mo lehrt die unterschiedlslose allgemeine Liebe, darum führt er zur Auflösung der Familie. (Mengzi, III, B9)

Mozis Idee einer allgemeinen Menschenliebe zeigt sich auch in seiner grundsätzlichen Ablehnung von Angriffskriegen. Er galt als genialer Militärstratege, doch nutzte er diese Fähigkeit ausschließlich zur Konstruktion von Verteidigungsanlagen. Die Eroberung fremder Länder verurteilte er hingegen mit aller Entschiedenheit:

Mozi sprach zu Prinz Wen von Lu Yang: »Die Herren der Welt kennen nur Kleinigkeiten, aber keine wichtigen Dinge. Wenn ein Mann einen Hund oder ein Schwein stiehlt, nennen sie ihn böse. Aber einen Staat oder eine Stadt zu stehlen, wird als rechtschaffen angesehen. Das ist ähnlich, als würde man es weiß nennen, wenn man ein wenig weiß sieht, aber es schwarz nennen, wenn man viel weiß sieht. Und das ist gemeint, wenn wir sagen, die Herren der Welt kennen nur Kleinigkeiten und keine wichtigen Dinge.« (Mozi, 5. Buch, Verurteilung von Angriffskriegen I, 2)

Die Argumentation erinnert an die Frage in Bertolt Brechts Dreigroschenoper: »*Was ist ein Einbruch in eine Bank gegen die Gründung einer Bank?*« Wohl kein Zufall. Auch Brecht war von Mozi begeistert. Brechts *Me-ti. Buch der Wendungen* ist von ihm inspiriert.

Die Philosophie des Mohismus ist stark utilitaristisch geprägt. Im Vordergrund aller Bemühungen steht der Nutzen, das bedeutet für Mozi die Mehrung des Wohlstands und das Wachstum der Bevölkerung. Alles, was nicht diesem Zweck dient, lehnt er ab. Dazu zählen staatlicher Prunk und Luxus, aber auch die Musik, weil sie nicht zum materiellen Wachstum beiträgt und schon die Herstellung der Instrumente Arbeitskraft bindet. Selbst vor dem Tod macht sein Nützlichkeitsdenken keinen Halt. So kritisiert er die konfuzianischen Begräbnisrituale, weil sie Särge vorschreiben, die mehr Holz erfordern, als notwendig wäre. Zur Steigerung des materiellen Wohlstands schwebt Mozi eine strenge staatliche Ordnung mit Belohnungen und Strafen vor, in der die Pflichten jedes Einzelnen klar geregelt sind.

Damit findet sich schon bei Mozi ein Grundproblem, das sich ähnlich auch im Nützlichkeitsdenken der heutigen Zeit findet. Es geht um Wohlstand und nicht um Wohlbefinden, um Effizienz und nicht um ein gutes Leben; der Mensch ist somit − entgegen der eigentlichen Absicht − nicht Zweck des Handelns, sondern Mittel zum Zweck. Um der vermeintlich guten Sache zu dienen, wird Opferbereitschaft eingefordert. Konkrete Wünsche werden einer Wunschvorstellung geopfert.

So kam es, dass die Schule der Mohisten mit der Zeit sehr asketische Züge annahm. Angesichts der Erfahrungen mehrerer Jahrhunderte mohistischer Praxis kam der Konfuzianer Xunzi schließlich zu folgendem Urteil:

Ich persönlich bin der Ansicht, dass Mozi mit seiner Verwerfung der Musik es ist, der die Welt in soziale Unordnung bringt; dass Mozi mit seiner Lehre des steten Einschränkens es ist, der die Welt in Armut geraten lässt. (...) Ob nun Mozi im großen die ganze Welt oder im kleinen den einzelnen Staat im Auge hat, wenn da die Kleidung so grob und das Essen so schlecht ist, wenn es da nur Kummer und Sorge, aber keine Musik gibt, dann reicht es nur zum kümmerlichen Vegetieren. (...) Ob nun Mozi im großen die ganze Welt oder im kleinen einen einzelnen Staat im Auge hat, jedenfalls wird (nach seiner Lehre) sich die Zahl der Menschen verringern, an Beamtenposten eingespart, viel Aufhebens gemacht von Leistung, Plackerei und Arbeit, wobei er allen Sippen die gleichen Aufgaben und gleichen Arbeitslasten zuweist. (Xunzi, X,13)

Dass hehre Ideale zu einem trostlosen Alltag führen können, hat sich auch im 20. Jahrhundert im realen Sozialismus bestätigt. Aber auch die kapitalistische Gesellschaft mit ihrer Orientierung auf Fortschritt und Wirtschaftswachstum birgt in sich die Gefahr, dass über allem Eifer das Hier und Jetzt in Vergessenheit gerät. Wer eine bessere Zukunft will, sollte auch darauf achten, die Gegenwart gut zu gestalten.

2. Hedonismus – Yang Zhus Polemik gegen Fleiß und Moral

Werden die angenehmen Seiten des Lebens geringgeschätzt, regt sich leicht Widerspruch. Das führte dazu, dass sich im alten China auch eine hedonistische Philosophie entwickelte, nämlich die Schule des Yang Zhu. Zuviel moralisches Handeln, so dessen Überzeugung, verfehlt nicht nur die damit verbundenen Absichten, es kann sogar gefährlich werden:

Yang Zhu sprach: »Wer Gutes tut, tut es wohl nicht um des Ruhmes willen; aber doch wird ihm der Ruhm folgen. Der Ruhm hat an sich nichts mit Gewinn zu tun; aber doch wird ihm der Gewinn folgen. Der Gewinn hat an sich nichts mit Streit zu tun; aber doch wird sich der Streit an ihn heften. Darum hütet sich der Edle, Gutes zu tun.«
(Liezi, VIII, 25)

Wer große Taten vollbringen und sich einen Namen machen will, läuft Gefahr, sich das Leben nur unnötig schwer zu machen und viel Angenehmes und Schönes zu verpassen. Stattdessen rät Yang Zhu zur Sinnenfreude: So erzählt er die Geschichte eines nach konfuzianischen Vorstellungen mustergültigen Beamten, der sich über die moralische Verkommenheit seiner beiden Brüder ereifert, von denen der eine sich ganz dem Wein, der andere schönen Frauen widmet. Der Beamte ist betrübt, dass er zwar den Staat in Ordnung gebracht hat, nicht aber seine Familie. Deshalb beschließt er seinen

Brüdern Vorhaltungen zu machen. Doch diese drehen den Spieß um und belehren nun ihn:

Deine Art, das Äußere in Ordnung zu bringen mag wohl zeitweise in einem Staat Erfolg haben; aber sie stimmt nicht überein mit dem Herzen der Menschen. Unsere Art, das Innere in Ordnung zu bringen, kann auf die ganze Welt ausgedehnt werden, und das Verhältnis zwischen Fürst und Untertan käme schließlich dadurch in Ordnung.
(ebenda VII, 8)

Für Konfuzianer muss dies der Gipfel der Provokation gewesen sein. So war sowohl für Mengzi als auch für Xunzi (über beide siehe weiter unten) die Philosophie Yang Zhus ein bevorzugtes Objekt der Kritik – neben dem anderen Extrem, der Lehre Mozis. Während sie den Mohismus als Gefahr für die Familie sahen (siehe oben S. 71), erachteten sie die Philosophie des Yang Zhu als staatszersetzend (vgl Mengzi, III, B9), führte sie doch den tugendhaften Staatsdienern, die sich redlich abmühten, ihre Pflicht zu erfüllen, vor Augen, was sie dabei alles verpassten, und stellte nebenbei in Frage, ob deren Tun wirklich immer mit ihren inneren Wünschen übereinstimmte:

Yang Zhu sprach: »In rastloser Hast streitet man um eitles Lob während der Spanne Zeit, um nach dem Tode überflüssige Verherrlichung zu erreichen. Nutzlos zügelt man Ohren und Augen und achtet auf Recht und Unrecht der Triebe des Lei-

bes. So bringt man sich umsonst um den höchsten Genuss der Gegenwart und ist auch nicht der einen Stunde freier Herr. Wodurch unterscheidet sich ein solches Leben noch von den Ketten und Fesseln eines schweren Verbrechers? Die Menschen der grauen Vorzeit hatten erkannt, dass des Lebens Dauer flüchtig ist, hatten erkannt, dass es flüchtig dem Tode zueilt; darum ließen sie in ihren Handlungen ihrem Herzen freien Lauf und widerstrebten nicht den natürlichen Neigungen, und was augenblicklich dem Leibe schmeichelte, das taten sie nicht ab. So ließen sie sich nicht um des Ruhmes willen überreden; sie folgten ihrer Natur und ließen sich treiben, und aller Wesen Neigungen ließen sie gewähren. Sie waren nicht auf Ruhm nach dem Tode aus, so wurden sie auch von der Strafe nicht erreicht. Und Ruhm und Lob der früheren oder späteren Zeit und ihrer Lebensjahre zugemessene Zahl beachteten sie nicht.«
(ebenda, VII, 2)

Während die Menschen der Vorzeit sowohl bei Konfuzius, als auch bei Mozi als Muster für Tugend und Sitten dienen – ganz im Sinne der jeweils unterschiedlichen Ideale der beiden, sind sie bei Yang Zhu Vorbilder für Gelassenheit und Lebensfreude. Die meisten Philosophen zur Zeit der Hundert Schulen sind sich einig in der ehrfürchtigen Verehrung der Menschen des Altertums. Aber bei genauerer Betrachtung zeigt sich, dass diese Verehrung eher den eigenen Wertvorstellungen gilt, die den Altvorderen untergeschoben werden. Es handelt sich um Projektionen, die mehr über diejenigen sagen, die sie äußern als über die historischen Tatsachen. Sich auf die Autorität der frühen Vorfahren zu berufen, erhöhte offensichtlich das Gewicht der eigenen Aussagen, ein rhetorisches Mittel, auf das kaum einer der alten chinesischen Philosophen verzichten wollte. Dabei ist sich zumindest Yang Zhu sehr bewusst, dass sich nur wenig wirklich Verlässliches über jene ferne Zeit sagen lässt;

Yang Zhu sprach: »Der grauen Vorzeit Taten sind ausgelöscht: wer mag sie noch verzeichnen? Der drei Erhabenen Taten sind schwankend zwischen Sein und Nichtsein. Der fünf Herrscher Taten sind von sagenhaftem Schleier umwoben. Der drei Könige Taten, teils verborgen, teils offenbar, sind so, dass von Millionen nicht eine bekannt ist. Was man in seinem eignen Leben an Taten teils gehört, teils gesehen hat, ist so, dass man von Zehntausenden nicht eine weiß; ja selbst die Taten vor unseren Augen sind so, dass, ob sie Dauer haben oder vergänglich sind, man unter Tausenden noch nicht von einer wissen kann. Die Zahl der Jahre vom grauen Altertum bis auf unsere Tage entzieht sich aller Berechnung. Würdige und Narren, Gute und Böse, Siegende und Unterliegende, die recht hatten und die unrecht hatten: alle sind sie vergangen und ausgelöscht, der ganze Unterschied ist der, dass die einen zögernder, die anderen flüchtiger dahingingen. Einer kurzen Spanne Zeit

*Lob oder Tadel so zu Herzen nehmen, dass man
Geist und Leib beunruhigt und bemüht, um nach
dem Tode für einige hundert Jahre seinem Namen
eine Dauer zu geben, die doch nicht imstande ist,
die modernen Gebeine zu beleben: was ist das für
eine Lebensfreude!« (ebenda, VII, 14)*

Erscheint die Philosophie des Yang Zhu von einem
konfuzianischen Standpunkt aus betrachtet als maß-
los, als auf die Spitze getriebener Egoismus, so findet
sich in ihr doch auch die Suche nach Maß und Mitte,
ein Charakterzug der allermeisten chinesischen
Denktraditionen. Um das Leben wirklich zu genie-
ßen, ist es nämlich angeraten, die Extreme zu ver-
meiden:

*Yang Zhu sprach: »Unter den Jüngern Kongs war
Yuan Xian, der in ärmlichen Verhältnissen in Lu
lebte. Zi Gong anderseits erwarb sich Reichtümer
in Wei. Yuan Xian nahm durch seine Armut
Schaden an seiner Gesundheit; Zi Gong machte
durch seinen Reichtum seinen Leib müde. So ist
also Armut nicht das Wünschenswerte und Reichtum nicht das Wünschenswerte. Worin besteht nun
das Wünschenswerte? Ich sage, das Wünschenswerte besteht darin, dass man sich seiner Gesundheit freut, dass man seinem Leib Bequemlichkeit
schafft. So hält sich, wer es versteht, sich seiner
Gesundheit zu freuen, ferne von Armut, und wer es
versteht seinem Leibe Bequemlichkeit zu schaffen,
ferne von Reichtum.« (ebenda, VII, 5)*

So sehr Yang Zhu aber die Gemüter seiner Zeit bewegt haben mag, seine Philosophie entfaltete keine dermaßen starke Wirkung wie die Lehren des Laozi oder des Konfuzius (wobei das wahrscheinlich auch gar nicht seine Absicht war). Das Streben nach Sinnesfreude kann schöne Stunden bescheren, aber auf die Dauer ist es doch zu wenig. Lebensfreude hat noch andere Dimensionen als Genuss.

Doch als Gegengift gegen zu enge Moralvorstellungen können Yang Zhus Ideen sehr belebend sein. Richtig dosiert entfalten sie eine wohltuende Wirkung gegen eine moralisierende Arbeitsethik, sei sie nun mohistisch oder protestantisch.

3. Weiterentwicklung des Konfuzianismus

Mengzi sprach: »Wer dem Mo Di (Mozi, J.H.) entgangen ist, fällt sicher dem Yang Zhu anheim. Wer auch dem Yang Zhu entgangen ist, der fällt sicher der rechten Lehre anheim.
(Mengzi, VII, B26)

Sowohl Mengzi, im Westen eher bekannt als Menzius (ca. 370 - 290 v. u. Z), als auch Xunzi (ca. 298 - 220 v. u. Z.) lehnten gleichermaßen die mohistische wie die hedonistische Philosophie entschieden ab.

Beide formten die konfuzianische Lehre detaillierter aus, wobei sie teilweise gegensätzliche Positionen vertraten. So geht Mengzi davon aus, dass die menschliche

Natur grundsätzlich gut sei, während Xunzi vom Gegenteil überzeugt ist.

3.a. Mengzi – Im Zweifel für die Revolution

Mengzi sprach: »Jeder Mensch hat ein Herz, das anderer Leiden nicht mit ansehen kann. Die Könige der alten Zeit zeigten ihre Barmherzigkeit darin, dass sie barmherzig waren in ihrem Walten. Wer barmherzigen Gemüts barmherzig waltet, der mag die beherrschte Welt auf seiner Hand sich drehen lassen. Dass jeder Mensch barmherzig ist, meine ich also: Wenn Menschen zum ersten Mal ein Kind erblicken, das im Begriff ist, auf einen Brunnen zuzugehen, so regt sich in aller Herzen Furcht und Mitleid. Nicht weil sie mit den Eltern des Kindes in Verkehr kommen wollten, nicht weil sie Lob von Nachbarn und Freunden ernten wollten, nicht weil sie üble Nachrede fürchteten, zeigen sie sich so. Von hier aus gesehen, zeigt es sich: ohne Mitleid im Herzen ist kein Mensch, ohne Schamgefühl im Herzen ist kein Mensch, ohne Bescheidenheit im Herzen ist kein Mensch, ohne Recht und Unrecht im Herzen ist kein Mensch, Mitleid ist der Anfang der Liebe, Schamgefühl ist der Anfang des Pflichtbewusstseins, Bescheidenheit ist der Anfang der Sitte, Recht und Unrecht unterscheiden ist der Anfang der Weisheit. Diese vier Anlagen besitzen alle Menschen, ebenso wie sie ihre vier Glieder besitzen. Wer diese vier An-

lagen besitzt und von sich behauptet, er sei unfähig, sie zu üben, ist Räuber an sich selbst.«
(Mengzi, IIA, 6)

Mengzi legt allerdings dar, dass diese positiven Anlagen verloren gehen können und deshalb immer wieder eingeübt werden müssen. Xunzi, der den – seiner Meinung nach – von Natur aus schlechten Menschen zum Besseren leiten möchte, sieht im Einüben der gewünschten Verhaltensweisen ebenfalls den richtigen Weg. So kommen beide, ausgehend von entgegengesetzten Ausgangspunkten zu ähnlichen Folgerungen.

Ganz besonders gilt Mengzis Forderung, sich um das Gute zu bemühen, für den Herrscher, der Vorbild sein soll. Eine ungerechte Herrschaft verliert ihre Legitimation. Das hat auch Konfuzius schon gelehrt. Mengzi geht noch einen Schritt weiter: In diesem Falle hält er sogar eine Revolution zum Sturz des Herrschers für gerechtfertigt:

König Xuan von Ci befragte den Mengzi und sprach: »Es heißt, dass Tang den König Jie verbannt; dass König Wu den Zhou Xin getötet habe. Ist das wahr?« Mengzi erwiderte und sprach: »Die Überlieferung hat es so.« Der König sprach: »Geht das denn an, dass ein Diener seinen Fürsten mordet?« Mengzi sprach: »Wer die Liebe raubt, ist ein Räuber; wer das Recht raubt, ist ein Schurke. Ein Schurke und Räuber ist einfach ein gemeiner Kerl. Das Urteil der Geschichte lautet, dass der gemeine Kerl Zhou Xin hingerichtet worden ist;

ihr Urteil lautet nicht, dass ein Fürst ermordet
worden sei.« (Mengzi, IB, 8)

Andererseits kann ein Herrscher durch gutes Regieren
auf friedlichem Wege seine Macht ausdehnen:

Wenn man die Leute, während sie auf dem Acker
zu tun haben, nicht zu anderen Zwecken bean-
sprucht, so gibt es so viel Korn, dass man es gar
nicht alles aufessen kann. Wenn es verboten ist,
mit engen Netzen in getrübtem Wasser zu fischen,
so gibt es so viel Fische und Schildkröten, dass
man sie gar nicht alle aufessen kann. Wenn Axt
und Beil nur zur bestimmten Zeit in den Wald
kommen, so gibt es so viel Holz und Balken, dass
man sie gar nicht alle gebrauchen kann. Wenn
man das Korn, die Fische und Schildkröten gar
nicht alle aufessen kann, wenn man Holz und
Balken gar nicht alle aufbrauchen kann, so schafft
man, dass das Volk die Lebenden ernährt, die To-
ten bestattet und keine Unzufriedenheit aufkommt:
Wenn die Lebenden ernährt werden, die Toten
bestattet werden und keine Unzufriedenheit
aufkommt: das ist der Anfang zur Weltherrschaft.
(Mengzi, IA, 3)

Mengzis Mahnung, mit den menschlichen und den natürlichen Ressourcen schonend umzugehen, ist in unserer Zeit aktueller denn je. Nachhaltigkeit – so zeigen es
die Schriften des Mengzi – ist keineswegs eine neue
Idee. Sie ist ein grundlegendes Prinzip, das auf Dauer
nicht ohne erheblichen Schaden außer Acht gelassen

werden kann. Die Überfischung der Weltmeere und die Rodung von Urwäldern können schnell dazu führen, dass der vermeintliche Überfluss in Mangel umschlägt. Auch hier gilt das Prinzip des Regulierens statt Blockierens (siehe oben S. 20f). Wir können nicht aufhören, die Dinge, die wir zum Leben brauchen, der Natur zu entnehmen. Aber wir können versuchen, dies in einer möglichst wenig zerstörerischen Weise zu tun.

3.b. Xunzi – Gegen Triebverzicht

Ein Wunsch vieler umherziehender Gelehrter war sicher, die Herrscher für moralische Verhaltensweisen zu gewinnen. Das kann leicht in einen Moralismus umschlagen, in die Verdammung von Trieben und Lüsten. Genau dieses Problem sah Xunzi im Rückblick auf mehrere Jahrhunderte der Hundert Schulen:

Es gibt Männer (wie z.B Mozi), die die öffentliche Ordnung von dem Ausrotten der Triebe abhängig machen. Das tun sie nur darum, weil sie einfach nicht wissen, wie sie die Begierden lenken und leiten sollen, und daher ob der bloßen Tatsache, dass es Begierden gibt, in Verlegenheit geraten. Jene (wie zum Beispiel Mengzi), die die öffentliche Ordnung von der Minderung der Triebe abhängig machen, wissen nicht, wie sie ihre Begierden in Schranken halten können und geraten daher in Verlegenheit, weil es so viele Begierden gibt. (Xunzi, XXII, 11)

Der wirklich weise Mann lässt seinen Trieben frei-
en Lauf und gibt seinen Gefühlen nach, hält aber
dabei doch die Ordnungsstruktur (li) ein. Wozu
soll so jemand sich Gewalt antun! Wozu viel aus-
halten! Wozu um Gefahren wissen! Denn wie der
echt Menschliche ohne gewagtes Eingreifen den
rechten Weg (dao) geht, so geht der Weise den
rechten Weg, ohne sich Gewalt antun zu müssen.
Die Gedankenwelt des echt Menschlichen ist voller
Höflichkeit, die des Weisen voll Frohsinn. Soviel
über den rechten Weg, über die Art und Weise, das
Herz zu ordnen. (Xunzi, XXI, 12)

Wir erinnern uns: Nicht die Begierden abzutöten, sondern sie mit den äußeren Erfordernissen in Einklang zu
bringen, war auch bei Konfuzius das Ziel des lebenslangen Lernens. Dieser glaubte, es mit siebzig erreicht
zu haben (siehe oben S. 27). Stärker als Konfuzius und
im Gegensatz zu Mengzi betont Xunzi die Triebhaftig-
keit des Menschen. Aber auch er sucht nach Harmonie
zwischen den Trieben und der gesellschaftlichen Ordnung. Bei ihm ist das jedoch kein Ziel, das erst im Alter
erreicht werden kann, sondern eine konkrete Aufgabe
für hier und jetzt.

Auch ein schlichter Torwächter kann das Begeh-
ren nicht ganz unterdrücken, denn das Begehren
gehört zur vollständigen menschlichen Natur. Aber
auch ein Himmelssohn kann seinem Begehren
nicht bis zum Letzten Erfüllung bringen. Das Be-
gehren kann wohl nie bis zum Letzten erfüllt wer-
den, sondern immer nur in etwa. Das Begehren

kann andrerseits auch nie ganz unterdrückt wer-
den, wohl aber kann das Suchen nach Befriedi-
gung reguliert werden. Wenn das, was begehrt
wird, auch nicht bis zum letzten erreicht werden
kann, so kommt doch derjenige, der (auf so regu-
lierte Weise) Befriedigung sucht, nahe an Erfül-
lung heran. (Xunzi, XXII, 12)

Und wieder: Regulieren statt blockieren! Seit den
Flussregulierungen durch Yu den Großen hat dieses
Prinzip eine herausragende Bedeutung in der chine-
sischen Denktradition (siehe oben S. 20f).

Anders als viele seiner Zeitgenossen, aber auch im
Gegensatz zu heutigen Ansichten, sieht Xunzi in den
menschlichen Trieben keine Gefahr für die soziale Ordnung, solange sie in die richtigen Bahnen gelenkt werden. Sie gehören zum Leben und lassen sich nicht
unterdrücken. Jedenfalls nicht auf Dauer ohne schlim-
me Folgen. Aber man kann sie zähmen. Genau darauf
kommt es Xunzi an, und in diesem wesentlichen Punkt
unterscheidet sich sein Ansatz von der hedonistischen
Philosophie Yang Zhus.

Die Überlegungen Xunzis sind ein wichtiger Aspekt,
der in der gegenwärtigen Situation berücksichtigt werden sollte. Wir, die Menschheit, sind genötigt, unsere
Lebensweise grundlegend zu ändern. Die Natur, deren
Teil wir sind und die wir nicht zerstören können, ohne
uns selbst zu zerstören, zwingt uns dazu. Nichts weniger als ein Kulturwandel ist erforderlich.

Dabei ist es wichtig, dass Ethik und Lust zusammen-kommen. Es gilt zu zeigen, dass eine nachhaltigere, auf weniger Konsum, aber auch weniger Stress gegründete Lebensweise die lustvollere sein kann. Dieser Beweis ist, so denke ich, nicht schwer zu erbringen. Rein mora-lische Aufforderungen jedoch wirken auf die meisten Menschen verständlicherweise eher abschreckend. Es geht nicht um Verzicht, sondern um andere Formen des Lebensgenusses, die mit weniger materiellen Dingen auskommen.

4. Sophisten – Dispute um ein weißes Pferd

Da an den Höfen der Fürsten die Anhänger der unter-schiedlichsten Schulen aufeinandertrafen und sich da-bei oft lebhafte Diskussionen entspannen, entstand im Laufe der Zeit eine immer ausgefeiltere Debattierkunst So entwickelte sich schließlich die Schule der Sophis-ten (Logiker, Schule der Namen), als deren prominen-teste Vertreter Hui Shi (370 - 310 v. u. Z.) und Gong-sun Long (ca. 320 - 250 v. u. Z.) gelten.

Debattieren wurde bei ihnen zum Geschicklichkeits-spiel. Die rhetorische Fähigkeit eines Redners erwies sich dabei als umso beeindruckender, je absurder die These anmutete, von der das Publikum überzeugt wer-den sollte.

Im letzten Kapitel des Zhuangzi, in dem es um die Auseinandersetzung mit den Positionen diverser Schu-len geht, findet sich auch eine Auflistung von Sätzen, die Sophisten in Debatten zu beweisen versuchten. Hier eine kleine Auswahl:

Ein Ei hat Federn.
Ein Huhn hat drei Beine.
Aus einem Hund kann man ein Schaf machen.
Feuer ist nicht heiß.
Ein Rad berührt nicht die Erde.
Eine Schildkröte ist länger als eine Schlange.
Der Schatten eines fliegenden Vogels bewegt sich
nicht.
Ein mutterloses Fohlen hatte nie eine Mutter.
(Zhuangzi, XXXIII, 7)

Zhuangzi schätzte den Sophisten Hui Shi (Huizi) wohl als Diskussionspartner, an dessen scharfem Verstand er seine eigene Redekunst trainieren konnte. Im Buch des Zhuangzi gibt es viele Geschichten über Dispute zwischen den beiden. Das Urteil über die philosophische Bedeutung des Huizi fällt dabei aber eher nüchtern aus:

Wenn wir Hui Shis Fähigkeit vom Standpunkt des
Himmels und der Erde aus betrachten, war sie nur
wie die rastlose Aktivität einer Mücke oder einer
Bremse; Hat sie zu irgendetwas getaugt? Es ist
eine gute Sache, seine volle Entwicklung irgend-
einer Fähigkeit zu widmen, und wer das tut, ist auf
dem Wege einer höheren Wertschätzung des Dao;
aber Hui Shi konnte dabei keine Ruhe für sich
selbst finden. Er breitete sich ohne Sättigung über
die Welt der Dinge aus, bis er am Ende nur noch
den Ruf eines geschickten Debattierers hatte. Ach,

leider konnte Hui Shi mit all seinen Talenten, so groß sie auch waren, nichts ausmachen; er verfolgte alle Themen und kam nie zu einem Punkt. Es war, als ob er durch sein Geschrei ein Echo zum Schweigen bringen oder mit seinem Schatten ein Rennen laufen würde. Ach! (ebenda)

Voller bissiger Ironie ist auch der Kommentar des Han Feizi zu den Debattierkünsten der Sophisten:

Ni Yue war ein im Disput geübter Mann aus dem Staate Song, der sich im Wortstreit mit seiner These »Ein weißes Pferd ist kein Pferd« gegenüber allen Gelehrten der Jixia Schule in Qi behaupten konnte. Als er aber auf einem weißen Pferd reitend eine Grenzstelle passieren wollte, musste er den Zoll für das weiße Pferd entrichten. Solange er nur mit leeren Worten hantierte, konnte er einen ganzen Staat überrumpeln. Als jedoch die Tatsachen geprüft wurden und die Formen zu Wort kamen, konnte er nicht einmal einen Mann täuschen.
(Han Feizi, XI, 32)

5. Jixia-Akademie und Neiye: Ein antiker Think Tank und der Weg zu innerer Ruhe

Die Jixia Schule in Qi, an der Ni Yue angeblich so erfolgreich über seine These mit dem weißen Pferd disputierte, war nicht irgendeine Schule.

Die Akademie zog viele Gelehrte unterschiedlicher Schulen an, die dort, ausgestattet mit großzügigen Gehältern, in Freiheit lehren konnten. Für ihre Schüler bot sich die Aussicht, Beamte oder gar Minister in Qi zu werden, denn ein Zweck der Akademie bestand darin, dem Staat die Möglichkeit zu geben, für die zu besetzenden Stellen unter den fähigsten Köpfen auszuwählen.

Im dritten Jahrhundert vor unserer Zeit entstand an der Akademie ein Buch, in das die Schriften zahlreicher Gelehrter eingeflossen sind, das *Guanzi* (*Meister Guan*). Benannt ist es nach dem Philosophen Guan Zhong, der im Staate Qi als Minister und Staatstheoretiker wirkte – allerdings vierhundert Jahre zuvor. So ist der Name des Buches wohl eher zu verstehen als Hommage an diesen alten Meister, dessen Lehre darin eine wichtige Rolle spielt, der aber nicht der Verfasser ist.

Das *Guanzi* ist ein eklektisches Werk. Oft wird es dem Legalismus (siehe weiter unten) zugeordnet, weil sich darin viele legalistische Passagen finden. Es enthält aber auch konfuzianische Gedanken und ein wichtiges daoistisches Kapitel, das *Neiye* (*Innere Übungen*). Ob das *Neiye* selbst von der Jixia-Akademie stammt oder ob es sich um einen wesentlich älteren Text handelt, der in die Sammlung des *Guanzi* eingeflossen ist, lässt sich heute nicht mehr feststellen.

Das *Neiye* ist deswegen von besonderem Interesse, weil es der älteste Text ist, in dem konkrete daoistische Meditationsübungen dargelegt werden. Es geht darum, sich durch die Dinge des täglichen Lebens nicht aus dem inneren Gleichgewicht bringen zu lassen:

Es ist das Wesen aller Herzen
von selber voll und übervoll zu sein,
von selbst hervorzubringen und zu vollenden.
Dies geht verloren
durch Kummer und Überschwang der Gefühle,
durch Vergnügen und Ärger,
durch Begierde und Streben nach Gewinn.
Wer Sorge und Überschwang,
Vergnügen und Ärger,
Begierde und Gewinnstreben hinter sich lässt,
dessen Herz ist wieder ohne Last.
Die Gefühle des Herzens
kehren zu Ruhe und Gelassenheit zurück.
Stör sie nicht, bring sie nicht durcheinander,
und sie kommen von selbst in Einklang.
(Neiye, 1. Kapitel)

Um diese innere Ausgeglichenheit zu erreichen, gibt es einfache Mittel:

So ist das menschliche Leben:
Es braucht Gleichgewicht.
Verloren geht es durch
Vorlieben, Ärger, Trauer und Leid.
Nichts bannt Ärger besser als Poesie.
Nichts vertreibt Trauer besser als Musik.
Nichts zügelt Überschwang besser als Riten.
Nichts bewahrt die Riten besser als Ehrfurcht.
Nichts bewahrt die Ehrfurcht besser als Stille.

Innerlich Stille, äußerlich Ehrfurcht
führen zurück zur eigenen Natur,
und die eigene Natur ist gewahrt.
(Neiye, 8. Kapitel)

Dabei geht es nicht nur um das eigene Selbst. Wer zu innerer Ruhe und Gelassenheit findet, kann angemessener auf die Ereignisse in der Umgebung reagieren und auch in der Welt ausgleichend wirken. In der Ruhe liegt die Kraft.

Sich mit den Dingen zu wandeln,
nennt man göttlich.
Sich mit den Ereignissen zu ändern
nennt man weise.
Sich wandeln
ohne dass die Lebenskraft sich mindert,
sich verändern
ohne dass sich die Weisheit ändert,
das kann nur ein Weiser.
Wer an dem Einen festhalten kann ohne Verlust,
kann die zehntausend Dinge regulieren.
Der Edle lenkt die Dinge
und wird nicht von den Dingen gelenkt.
Der Ordnung des Einen entsprechend
steuert er die Dinge aus tiefsten Herzen,
steuert mit seinen Worten,
steuert und bezieht andere mit ein,
und so ist alles unter dem Himmel geregelt.
(Neiye, 4. Kapitel)

Wir leben in einer Zeit der Beschleunigung. Die meisten Menschen kommen nicht mehr zur Ruhe. Die Folge ist, dass viele Dinge aus dem Ruder laufen, aus Zeitmangel oder aus fehlender Achtsamkeit. Wir verlieren schnell den Überblick. Um kurzfristig effektiv zu sein, tun wir Dinge, die sich auf lange Sicht als äußerst ineffektiv erweisen. Wir schädigen die Natur und zerstören damit unsere eigene Lebensgrundlage. Wieder zu einem Gleichgewicht zu finden, ist die Aufgabe, vor der wir stehen. Das Neiye lehrt uns, was wir dazu unbedingt brauchen: mehr Ruhe.

6. Legalisten: Law and Order und Intrigen

Das traurige Ende der Hundert Schulen ging einher mit dem Siegeszug des Legalismus. Über Jahrhunderte hatte vor allem eine Frage die Gelehrten an den Höfen umgetrieben: Welche Charaktereigenschaften braucht ein Herrscher, damit seine Macht sich festigt oder ausdehnt. Bei allen Unterschieden stimmten doch die meisten Schulen darin überein, dass es das Vorbild der Regierenden sei, das eine stabile Ordnung garantiere. Güte und Stärke hingen miteinander zusammen. Doch nach Jahrhunderten der Kämpfe standen sich immer noch Kriegsherren gegenüber, die so gar nicht in das Bild des edlen Herrschers passen wollten.

In dieser Situation gewannen legalistische Vorstellungen an Bedeutung. Ein Kerngedanke dieser Strömung war, dass es nicht so sehr auf den Charakter des Herrschers ankomme, sondern auf klare Gesetze, die strikt zu beachten seien. Han Feizi (280 - 233 v. u. Z.), der bedeutendste Theoretiker des Legalismus, sah es als entscheidend an, dass Gesetze, waren sie einmal erlassen, möglichst ohne weitere Intervention des Landesfürsten eingehalten würden. Zum Beispiel sollte der Souverän nicht nach eigenen Vorlieben bei Gesetzesübertretungen Gnade walten lassen.

Gleiches Recht für alle, ohne Ansehen der Person. Hier klingt die moderne Idee des Rechtsstaats an, im Gegensatz zu einem Willkürstaat.

Aber die Gesetze des Staates, der Han Feizi vorschwebte, waren grausam und einschüchternd. Sie unterschieden sich fundamental von denen, die wir heute mit Rechtsstaatlichkeit verbinden.

Belohnungen, vor allem aber drakonische Strafen, sollten dazu führen, dass alle die Gesetze befolgten. Sippenhaft und die Verpflichtung zu gegenseitiger Denunziation sollten jeden Widerspruch gegen die Obrigkeit im Keim ersticken.

Dass in dem Klima der Angst, das so entstand, wenig Vertrauen herrschte und Intrigen an der Tagesordnung waren, liegt auf der Hand. In den Schriften Han Feizis finden sich zahlreiche Geschichten, in denen es um Ränkespiele geht:

Es geschah zur Zeit des Marquis Zhaoxi, dass der Küchenmeister das Essen auftragen ließ und ein Stück rohe Leber in der Suppe schwamm. Da be-

fahl der Marquis den zweiten Koch zu sich und
fragte ihn böse: »Warum hast du rohe Leber in
meine Suppe getan?« Der Koch senkte den Kopf,
gestand sein Vergehen und sagte: »Ich wollte auf
diese Weise den Küchenmeister loswerden.«
(Hanfeizi, X, 31)

Han Feizi selbst fiel auch einer Intrige zum Opfer. Ein Rivale beschuldigte ihn landesfeindlicher Aktivitäten, brachte ihn ins Gefängnis und zwang ihn dort schließlich zum Selbstmord.

Der Rivale war Li Si (280 - 208 v. u. Z.), ein ehemaliger Freund und Mitschüler Han Feizis und ebenfalls Legalist, der zweite bedeutende Vertreter dieser Schule. Als Innenminister jenes Kaisers, der nicht sterben wollte (siehe oben S. 11ff) prägte er das politische System der Qin-Dynastie wesentlich mit.

Sechstes Kapitel: Huainanzi – Was ein Kaiser wissen muss

1.

Stellen Sie sich vor, Sie treffen einen Freund, der Ihnen erzählt, er habe gerade seine Arbeit verloren. Fünfundzwanzig Jahre in der Firma. Gute Arbeit, gut bezahlt. Alles lief rund. Und dann – wie ein Blitz aus heiterem Himmel – die Entlassung. Wenn der Freund Chinese wäre, könnten Sie ihn vielleicht trösten, indem Sie sagten: *Der alte Mann an der Grenze hat sein Pferd verloren. (Sai weng shi ma).*

An der Grenze zwischen dem Reich und den nördlichen Barbarenstämmen lebte einst ein alter Mann, dem war sein Pferd entlaufen. Die Nachbarn kamen, um ihn zu trösten, doch er sagte nur: Wer weiß, ob das wirklich ein Unglück ist. Schließlich kam das Pferd zurück, zusammen mit einer Herde wilder Rösser. Die Nachbarn kamen und gratulierten, doch der alte Mann sagte nur: Wer weiß, ob das wirklich ein Glück ist. Beim Zureiten der wilden Pferde brach sich sein Sohn ein Bein. Als die Nachbarn ihn bedauerten, sagte der alte Mann nur: Wer weiß, ob das wirklich ein Unglück ist. Eines Tages überfielen die Barbaren aus dem Norden das Land. Die jungen Männer mussten alle zur Armee und viele von ihnen starben. Nur der Sohn des alten Mannes wurde nicht eingezogen, wegen seines gebrochenen Beines.

Diese Geschichte gehört in China zur Allgemeinbildung. So reichen die vier Silben *sai weng shi ma,* um daran zu erinnern, dass sich Schlimmes zu Gutem wenden kann und Gutes zu Schlimmem.

Vielleicht treffen Sie Ihren Freund nach einiger Zeit wieder und er erzählt Ihnen von den wunderbaren Veränderungen in seinem Leben, von dem Erfolg mit seinen eigenen Projekten. Genau das habe er schon immer tun wollen, sich aber nie getraut, den sicheren Job aufzugeben.

Sai weng shi ma ist eine Art Sprichwort, ein *chengyu.* Im Gegensatz zu einem Sprichwort kann man aber ein *chengyu* meist nur verstehen, wenn man die dazugehörige Geschichte kennt. Die chinesische Sprache verfügt über einen großen Schatz derartiger Sprüche und ist dadurch reich an Verweisen auf eine uralte literarische Tradition.

Die Geschichte vom alten Mann an der Grenze findet sich in vielen Versionen, die älteste stammt aus dem *Huainanzi,* einem über zweitausend Jahre alten Buch aus der Zeit der frühen Han-Dynastie. Es ist nicht irgendein Buch. Es wurde für einen Kaiser geschrieben und sollte alles Wissen enthalten, das man brauchte, um ein großes Reich zu regieren. Damit ist es eine einmalige historische Quelle: eine enzyklopädische Sammlung, die einen tiefen Einblick in das Weltbild und die Lebensumstände von Menschen einer längst vergangenen Zeit in einem weit entfernten Land gewährt. Aber es ist mehr als das. Es ist auch ein philosophisches

Werk, neben dem *Daodejing* und dem *Zhuangzi* eines der wichtigsten des Daoismus. Damit ist es Teil einer geistigen Strömung, die bis heute das Verhalten und die Lebensweise vieler Menschen in China stark beeinflusst. Trotz seines Alters kann es dazu beitragen, manche Phänomene im heutigen China besser zu verstehen.

Am *Huainanzi* beeindruckt aber auch die starke Resonanz mit Fragen von heute. Es bietet reichlich Stoff für aktuelle Debatten z. B. über Entschleunigung oder über unseren Umgang mit der Natur. Und es kann ein Wegweiser zu einer entspannteren Lebensweise sein.

2.

In einem uralten Buch nach Anregungen für gegenwärtige Debatten zu suchen, heißt das nicht, *eine Kerbe in die Bootswand ritzen*? Noch ein *chengyu*, das auf das *Huainanzi* zurückgeht:

> *Wenn man die Standards einer vergangenen Ära anwenden will, um die heutige Welt zu regieren, dann macht man es so wie der Bootspassagier, dem mitten im Fluss sein Schwert ins Wasser fiel. Er ritzte sofort eine Kerbe in die Bootswand um am Abend dort nach dem Schwert zu tauchen.*
> *(Huainanzi, 17.1)*

Wie weit lässt sich in einer im Wandel befindlichen Welt altes Wissen auf die Gegenwart übertragen? Tatsächlich findet sich im *Huainanzi* manches, das aus heutiger Sicht seltsam oder gar lustig erscheinen mag, wie etwa die geografischen Spekulationen. Offensichtlich wussten die Autoren des Buches so gut wie nichts über die Welt außerhalb Chinas. Sie dachten sich die Erde quadratisch, mit neun ebenfalls quadratischen Kontinenten; China stellten sie sich auf dem mittleren vor.

Auch die politischen Standards haben sich seitdem in eine andere Richtung entwickelt. Natürlich sind das alte Kaiserreich und die modernen Demokratien denkbar verschieden. Aber weil im *Huainanzi* immer wieder der Blick auf den Wandel der Dinge und die Relativität der Wahrheiten gelenkt wird, kommt das Werk dem kritischen Geist der Gegenwart nahe. Und gerade weil es keine ewigen Wahrheiten verkündet, hat es einiges an zeitlosen Erkenntnissen zu bieten.

3.

Leider gibt es keine deutsche Übersetzung des *Huainanzi*. Die Textpassagen, die ich hier vorstelle, sind eigene Übersetzungsversuche. Eine chinesische Textquelle findet sich online unter ctext.org.

Wie bereits im Kapitel über Laozi dargelegt (siehe oben S. 42f), kann man einen alten chinesischen Text nicht ins Deutsche übertragen, ohne ihn gleichzeitig zu interpretieren. Beim Übersetzen ist man zu Festlegungen gezwungen, die dem Original fremd sind. Was hat der alte Mann an der Grenze nun verloren? Hat er ein

Pferd verloren? Oder das Pferd? Eines seiner Pferde oder sein einziges Pferd? Das Original lässt das offen. Aber ich muss mich entscheiden, denn *Alter Mann an Grenze hat Pferd(e) verloren* klingt nicht nach guter Übersetzung. Außerdem wäre auch dann noch die Vergangenheitsform eine einseitige Festlegung, denn wörtlich bedeutet *sai weng shi ma*: *Grenze Alter Verlust Pferd*. Und warum Verlust und nicht verlieren? Äh, ja – geht natürlich beides.

4.

Um am *Huainanzi* zu arbeiten, waren Gelehrte aus ganz China zusammengekommen, herbeigerufen von Liu An, dem König von Huainan. Huainan war ein kleines Königreich in der heutigen Provinz Anhui. *Zi* hat unterschiedliche Bedeutungen, oft wird es an Namen angehängt, vor allem bei Philosophen, und bedeutet dann in etwa Meister (Laozi, Kongzi, Zhuangzi, Mengzi, Mozi). Das *Huainanzi* ist also das Buch der Meister von Huainan. Geschrieben wurde es wahrscheinlich zwischen 157 und 141 v. u. Z. in der dritten Generation der Han-Herrschaft. Zu dem Werk trugen tausende Gelehrte bei, namentlich bekannt sind acht von ihnen, die als hauptsächliche Autoren gelten. Einige der Kapitel gehen auf lebhafte Diskussionen am Hofe zurück, die von Liu An moderiert wurden. Erhalten geblieben sind die 21 Kapitel des *inneren Buches*. Das *mittlere* und das *äußere* sind verschollen – und damit der größte Teil des Werks.

Liu An (180 - 122 v. u. Z.) der Initiator und Herausgeber des Werkes war schon mit 16 auf den Thron gekommen. Er war der Enkel von Liu Bang, dem Gründer der Han-Dynastie. Kaiser Wu, der Herrscher über China zur Zeit der Entstehung des *Huainanzi* war sein Neffe. Liu Ans eigenes Königreich war allerdings nicht sehr mächtig. So versuchte er, vor allem durch seine intellektuellen Bemühungen Einfluss zu gewinnen. Man nimmt an, dass er auch das Chu Ci, eine bedeutende Gedichtanthologie, herausgegeben hat. Darüberhinaus gilt er als Erfinder des Tofu, allerdings gibt es dafür keine verlässlichen Belege. Als Politiker war Liu An weniger erfolgreich. Er wurde schließlich beschuldigt, an einer Verschwörung beteiligt zu sein (ob zu Recht oder zu Unrecht ist nicht geklärt), woraufhin er Selbstmord beging.

5.

Schon vor dem *Huainanzi* gab es Bücher, die als Ratgeber für Herrscher gedacht waren. Spätestens seit der Zeit des Konfuzius zogen, wie erwähnt, Philosophen der verschiedensten Schulen von Hof zu Hof, um Fürsten und Könige für ihre jeweilige Lehre zu gewinnen. Es gab auch reiche Förderer, die Gelehrte um sich scharten, um ihr Wissen zu sammeln. Dabei entstanden zahlreiche Schriften, z. B. der *Frühling und Herbst des Lü Buwei*, ebenfalls ein enzyklopädisches Werk, geschrieben ein Jahrhundert früher für den ersten Kaiser der Qin-Dynastie.

Beim *Huainanzi* handelt es sich um eines der letzten großen Werke aus der Blütezeit der alten chinesischen Philosophie. Es ist im Wesentlichen daoistisch geprägt, aber auch konfuzianische oder legalistische Positionen sind in das Buch mit eingeflossen. So spiegeln sich im *Huainanzi* Jahrhunderte philosophischer Auseinandersetzungen.

6.

Das Werk behandelt vielfältige Themen, wie Kosmologie, Astronomie, Geographie, Geschichte, Überlieferungen, Bräuche, kultische Handlungen, Erkenntnistheorie, Moralphilosophie, Psychologie, Selbstkultivierung, Regierungstechniken, Militärtheorie, Rhetorik und einiges mehr. Der Aufbau ist einem Baum nachempfunden. Dabei bilden die ersten acht Kapitel den Stamm, die Grundlage, auf der das Werk aufbaut, die Kapitel 9 bis 20 sind die Äste, die sich in diverse Einzelthemen verzweigen. Das 21. Kapitel gibt schließlich noch einmal einen Überblick über das gesamte Werk.

Aus der Perspektive des *Huainanzi* folgen die politischen Verhältnisse den gleichen Prinzipien wie die Natur: dem *dao*, dem Gegensatz und dem Ausgleich von *yin* und *yang*, dem Wandel der Dinge. Eine gute Regierung ist eine, die sich diesen Prinzipien anpasst. Der Herrscher betreibt Selbstkultivierung, um diese Anpassungsfähigkeit zu erreichen. Das Bild des Weisen im *Huainanzi* ist umfassender als das des Laozi und des

Zhuangzi. Er bringt die mystische Spiritualität des Weisen bei Zhuangzi und die Erfordernisse eines politischen Lebens miteinander in Einklang und ähnelt dem konfuzianischen Bild des Edlen (*junzi*), der ein Stifter kosmischer Ordnung ist.

7.

Da bisher keine deutschsprachige Übersetzung des Huainanzi vorliegt, ich aber der Ansicht bin, dass diesem Mangel dringend abgeholfen werden sollte, stelle ich im Folgenden zumindest eine kleine Auswahl an Textausschnitten aus dem Werk vor. Da das Buch Generationen nach der Zeit der Hundert Schulen geschrieben wurde, finden sich in ihm zahlreiche Bezüge zu all den unterschiedlichen Lehren. Diese zu entdecken, überlasse ich der Leserin und dem Leser. Auf weitere Kommentare habe ich verzichtet, da die Zitate für sich sprechen und gerade ihr unvermitteltes Nebeneinander – so hoffe ich – einen Eindruck von der Vielfältigkeit des Werkes gibt.

1.7. Wenn ein hinterlistiges Herz in deiner Brust verborgen ist, strahlst du keine innere Reinheit aus und deine geistige Wirkkraft ist nicht vollständig. Wenn du nicht weißt, was in deiner eigenen Person steckt, wie sollen dich da Leute von fern wertschätzen? Darum: Wenn die Rüstung hart gepanzert ist, werden die Waffen schärfer, wenn Stadtmauern gebaut werden, werden auch Rammböcke hergestellt. Es ist, als würde man versuchen mit kochendem Wasser das Überkochen zu verhindern: Die Unordnung wird nur noch weiter zunehmen. Deshalb: Wenn du einen schnappenden Hund schlägst oder ein ausschlagendes Pferd peitschst, um sie zu erziehen, selbst wenn du so begabt bist wie Yi Yin oder Zao Fu, du wirst nicht in der Lage sein, sie in die gewünschte Richtung zu verändern. Aber wenn der Wunsch, andere zu verletzen, aus deinem Herzen verschwindet, dann kannst du einen hungrigen Tiger am Schwanz ziehen, und um wie viel mehr kannst du dann Hunde und Pferde zähmen? Deshalb: Wer den Weg verkörpert, ist entspannt und nie hilflos, wer sich auf das Geschick verlässt, muss hart arbeiten und erreicht wenig.

1.8. *Strenge Gesetze und harte Strafen: heißt das nicht, dass Gewalt statt Recht regiert. Die Pferde heftig zu peitschen, das ist keine Methode, um weit zu reisen. (...) Deshalb als Yu die Fluten kanalisierte, folgte er dem Wasser als seinem Meister. Als der göttliche Landmann Getreide säte, folgte er den Saatkörnern als seinen Lehrern.*

1.11. *Erfolg ist bedingt durch den richtigen Augenblick und nicht durch Wettkampf. Gute Ordnung ist bedingt durch den rechten Weg und nicht durch Heilige. Unter allem liegt der Boden. Er strebt nicht nach oben. So ist er sicher und ohne Gefahr. Wasser fließt bergab und streitet nicht um* *die Führung. So bewegt es sich schnell und ohne Zögern. (...) Weise kultivieren ihre innere Wurzel und sie schmücken sich nicht äußerlich mit den Zweigen. Sie bewahren ihre geistige Essenz und lösen sich von vorgegebenen Lehren. Absichtslos bleiben sie ohne Handeln, und doch bleibt nichts ungetan. In Ruhe versuchen sie nicht zu regieren und nichts bleibt unregiert.*

1.12. *Die dem dao folgen, ihr Wille ist geschmeidig, aber ihre Taten sind stark. Ihr Geist ist leer, aber ihre Reaktionen sind angemessen. Geschmeidiger Wille, das heißt: biegsam und zart, friedlich und still, zurückhaltend, wenn andere dies nicht wagen, handelnd, wenn andere nicht können, ruhig und unbesorgt, handelnd, ohne den richtigen Moment zu verpassen, umhergewirbelt mit den zehntausend Dingen, ohne vorauszuplanen, aber mit Gespür für das, was zu tun ist.*

1.19. *Die Welt ist mein eigen, aber ich gehöre auch der Welt. Wie könnte da eine Kluft zwischen mir und der Welt sein? Um die Welt zu besitzen, wozu müsste ich sie da gewaltsam an mich reißen, Macht über Leben und Tod erlangen und ihr meine Regeln aufzwingen? Was ich darunter verstehe, die ganze Welt zu besitzen, ist gewiss nicht dies. Es bedeutet einfach, zu mir zu kommen – und die Welt nimmt mich auf.*

2.21. *Wer die Spitze eines herbstlichen Härchens untersucht, dessen Ohr hört keinen Gewitterlärm,* *wer die Töne von Jade und Stein in Einklang bringt, dessen Auge hat keinen Blick für die Größe des Berges Tai.*

7.16. *Die Gelehrten in diesen Zeiten des Zerfalls begreifen nicht, wie sie zu den Ursprüngen ihres Geistes gelangen und zu ihrer Wurzel zurückkehren sollen. Sie versuchen, ihre Natur zu modellieren und zu polieren und ihre Gefühle zu korrigieren oder abzutun, um den Gepflogenheiten ihrer Zeit zu entsprechen. Also, wenn ihr Auge etwas begehrt, greifen sie mit Verboten ein, wenn ihr Herz sich an etwas erfreut, beschränken sie es mit Riten. (...) Nach außen hin bändigen sie ihre Leiber, im Innern festigen sie ihre Moral. Sie zerstören die Harmonie von yin und yang und hindern ihre Natur, sich dem Leben angemessen zu verhalten. Darum sind sie bis an ihr Ende sorgenvolle Menschen.*

10.18. *Dass etwas ohne Lust und Freude getan wird und außergewöhnlich gut gerät, das hat man noch nicht gehört.*

13.10. *Ziyang von Cheng war streng und hart, er verhängte gerne Strafen. Er vollstreckte sie ohne Gnade. Nun zerbrach einer seiner Leute einen Bogen. Er fürchtete, für dieses Vergehen mit dem Tode bestraft zu werden. So nutzte er die Aufregung, die ein rasender Hund verursachte, um Ziyang zu töten. Das kommt von grausamer Strenge.*

13.22. *Unter den Leuten von Qi war einer, der stahl Gold. Gerade als der Markt am belebtesten war, kam er, nahm es und ging. Als man ihn festhielt und fragte: »Wie kannst du mitten auf dem Markt Gold stehlen?« antwortete er nur: »Ich habe niemanden gesehen. Ich sah nur das Gold.« Wenn der Geist voller Begierde ist, vergisst er, was er tut.*

14.17. *Der Wagenlenker strebt nicht danach, ganz vorne zu sein und fürchtet nicht, hinten zu liegen. Er lenkt das Tempo des Pferdes mit den Händen, er bringt seinen Geist in Einklang mit dem Pferd. Auch wenn er nicht Erster wird, so bewegt er doch fortwährend das Pferd, sein Bestes zu geben. Warum ist das so? Es ist so, weil der Sieg von der Technik herrührt und nicht vom Willen. Darum: Wenn man den Willen ausschaltet, überwiegt die Technik. Wenn man die Gedanken ausschaltet, übernimmt das dao die Führung.*

14.19. *Ein aufgebrachter Geist fühlt sich selbst auf einem Bambusbett mit weichen Matten nicht wohl. Auch ein Mahl aus wildem Reis und saftigem Rindfleisch weiß er nicht zu schätzen. Sogar klingende Saiten und Flötentöne bereiten ihm keine Freude. Erst wenn der Ärger sich auflöst und die Unruhe abebbt, schmeckt die Speise wohl. Das Bett wird angenehm, das Zuhause sicher und das Unterwegssein ein Vergnügen. Von diesem Punkt aus betrachtet: Weil wir lebendig sind, haben wir Freuden, weil wir vergänglich sind, haben wir*

Kummer. Wer immer auf seinen Vorteil aus ist, wird nicht froh und erfährt Sorgen statt Glück. Selbst wenn er alle Reichtümer der Welt besitzt und als Sohn des Himmels verehrt wird, kann er nicht verhindern, ein trauriger Mensch zu werden. Denn so ist die menschliche Natur: Sie liebt die Stille und hasst die Aufregung. Sie liebt die Vergnügungen und hasst die Plackerei. Ist der Geist dauerhaft frei von Begierden, findet er Ruhe. Ist der Körper dauerhaft frei von Aufgaben, findet er seine Freuden. Wer seinem Geist erlaubt, in Ruhe und Frieden zu schweifen, wer seinem Körper erlaubt, sich in Muße zu ergehen, wer einfach wartet, was der Himmel ihm eingibt, der wird in seinem Inneren Freude finden und nach außen frei von Sorgen sein.

16.2. *Niemand versucht, sich in aufgewühltem Wasser zu spiegeln, sondern man betrachtet sich in klarem Wasser, das still und unbewegt ist.*

16.5. *Ein guter Schütze schießt und verfehlt nicht das Ziel. Das ist gut für den Schützen, aber nicht gut für das Ziel. Einem guten Fischer entgeht kein Fisch. Das ist gut für den Fischer, aber nicht gut für die Fische. So ist, wo etwas gut ist, immer auch etwas, das nicht gut ist.*

16.9. *Wenn das Wasser trüb ist, schnappen die Fische nach Luft. Wenn der Leib überarbeitet ist, gerät der Geist in Unordnung.*

16.21. *Gewöhnliche Kochtöpfe werden jeden Tag benutzt, doch sie sind nicht besonders wertvoll. Die herrschaftlichen Gefäße der Zhou-Dynastie werden nicht zum Kochen benutzt, aber sie sind gewiss nicht wertlos. Offensichtlich gibt es Dinge, deren Nutzen darin besteht, dass man sie nicht nutzt.*

17.2. *Wenn jemand um ein Stück Ziegel spielt, ist er gelassen. Spielt er um Gold, dann ist er aufgeregt. Spielt er um Jade, gerät er außer sich. Also: Je wertvoller das Äußerliche, desto dumpfer das Innerliche.*

Wenn du ein wildes Tier verfolgst, hast du keine Augen für den Berg Tai. Wer etwas Äußerliches begehrt, dessen Wahrnehmung wird gestört.

17.3. *Eine Tür zerlegen, um Feuerholz zu machen, einen Brunnen verstopfen, um Mörtel anzurühren: Wenn Leute etwas tun, dann sind sie zuweilen so dumm.*

20.31. *Man kann die Leute in einer Nachbarschaft dazu bekommen, einander zu beobachten und ihre Verfehlungen gegenseitig anzuzeigen. Das hilft wohl, Missetäter zu finden, trotzdem verfährt man nicht so, es würde ein friedvolles, harmonisches Miteinander stören und Hass und Rachsucht mehren.*

20.32. *Menschlichkeit bedeutet, andere zu lieben. Weisheit bedeutet, andere zu kennen. Wer andere* *liebt, hält Abstand von grausamen Strafen. Wer andere kennt, lässt keine chaotische Verwaltung zu. Wenn politische Ordnung auf Kultur und Vernunft fußt, kommt es nicht zu Verwirrungen. Wenn die Strafen nicht übertrieben sind, kommt es nicht zu gewalttätigem und grausamem Verhalten. Wenn oben nicht die Regierung in Zwist und Unordnung versinkt, wird es unten keine hasserfüllten Gemüter geben. So sind die hundert Formen der Grausamkeit gebannt und Mitte und Harmonie sind hergestellt. Auf diese Weise kamen die drei Dynastien zum Blühen.*

Epilog

Dass einige der Überlegungen, die chinesische Philosophen vor über zweitausend Jahren angestellt haben, heute noch so aktuell klingen, hat mehrere Gründe. Einer davon ist sicherlich, dass die chinesische Gesellschaft schon zu den Zeiten, aus denen uns die ersten schriftlichen Quellen überliefert sind, säkular war. Das bedeutet, die chinesische Philosophie war nicht durch religiöse Dogmen gebunden. Im Vergleich dazu ist die Zeit, seit sich das Denken im Westen von dogmatischen Beschränkungen löste, relativ kurz. So hatten einige der Diskurse, die wir in Europa mit der Moderne verbinden, in China wesentlich mehr Zeit zu reifen.

Zum anderen dürften die geographischen Gegebenheiten eine große Rolle spielen. Um in dem von ständigen Überschwemmungen bedrohten chinesischen Kernland halbwegs sicher leben zu können, war ein kompliziertes System von Kanälen und Deichen erforderlich. Das war nur möglich durch eine dauerhafte Kooperation über ethnische und religiöse Grenzen hinweg. Das zwang nicht nur zu Toleranz. Es hatte auch zur Folge, dass viele Menschen dadurch in die Lage kamen, die Welt aus mehr als einem Blickwinkel heraus zu betrachten. Diese Entwicklung, die wir heute mit der Globalisierung verbinden, fand also auch damals schon statt, natürlich in einem viel kleineren Rahmen, aber über einen viel längeren Zeitraum.

Hinzu kommt, dass wir heutigen Menschen gerade dabei sind, zu erkennen, dass uns alle unsere technischen

Fortschritte nicht unabhängig von der Natur machen. Die Klimakrise, aber auch die Gefahr von Pandemien, zeigen uns, dass wir die Natur letztendlich nicht beherrschen können, sondern dass unser Überleben langfristig davon abhängt, dass wir mit ihr ins Gleichgewicht kommen. Wir sind und bleiben Teil der Natur, eine Erkenntnis, die uns in den Schriften aus dem alten China überall entgegentritt.

Darüber hinaus verweisen die alten chinesischen Texte immer wieder auf die Erfahrung, dass Gewalt ein denkbar schlechtes Mittel zum Erreichen politischer Ziele ist und dass ethische Maßstäbe in der Politik langfristig sehr effektiv sein können. In Zeiten, in denen in vielen Ländern autoritäre und populistische Kräfte die Oberhand gewinnen, ist dies ein wichtiger Aspekt.

So mischen sich in diesen uralten Texten aktuelle Fragestellungen mit Einblicken in eine Welt, die trotz aller Ähnlichkeiten doch so ganz anders ist als die unsere. Das lässt uns staunen – eine gute Voraussetzung für neue Erkenntnisse.

Eine philosophische Entdeckungsreise in die ferne Vergangenheit eines fernen Landes kann dazu beitragen, dass wir uns selbst näher kommen. So führt sie uns zurück in unsere Gegenwart. Da sind wir also wieder mit all unseren brennenden Fragen.

Quellen

a. Primärliteratur

Guanzi: Nei Ye. Eigene Übersetzung. Norderstedt 2020
Chinesische Quelle: ctext.org

Han Feizi: Die Kunst der Staatsführung. Übersetzt
von Wilmar Mögling. Köln 1994

Huainanzi: Eigene Übersetzung. Chinesische Quelle:
ctext.org (Es gibt eine englische Übersetzung von
John S. Major u. a. New York 2010)

Kongzi (Konfuzius): Gespräche. Übersetzt von
Richard Wilhelm. In: Die Lehren des Konfuzius.
Ffm. 2008

Laozi (Laotse): Daodejing (Tao Te King). Übersetzt
von Richard Wilhelm. Ffm. 2008 (Die Zitate orien-
tieren sich weitgehend an dieser Übersetzung, mit
einigen Änderungen durch mich. Andere Übersetzungen sind im laufenden Buchtext angegeben.)

*Liezi (Liä Dsi): Das wahre Buch vom quellenden Ur-
grund.* Übersetzt von Richard Wilhelm. München
2009

Mengzi (Menzius): Übersetzt von Richard Wilhelm. In:
Die Lehren des Konfuzius. Ffm. 2008

Mozi: Eigene Übersetzung. Quelle: ctext.org

Xunzi (Hsün Tzu): Übersetzt von Hermann Köster.
Kaldenkirchen 1967

*Zhuangzi (Dschuang Dsï): Das wahre Buch vom süd-
lichen Blütenland.* Übersetzt v. Richard Wilhelm.
München 2004 (Da die Übersetzung von Richard
Wilhelm nicht vollständig ist, habe ich die Zitate

aus Buch XXXIII anhand der Textquelle ctext.org übersetzt. An einigen Stellen habe ich Wilhelms Übersetzung leicht verändert.)

Die chinesischen Namen in den verwendeten Quellen habe ich in der heute üblichen Transkription (Pinyin) wiedergegeben. Hier im Literaturverzeichnis ist die von den jeweiligen Übersetzern verwendete Schreibweise in Klammern angegeben. Ich habe ältere Übersetzungen der heute gültigen Rechtschreibung und stellenweise behutsam dem gegenwärtigen Sprachgebrauch angepasst. Gelegentlich habe ich leichte Veränderungen vorgenommen, wo es mir für das Verständnis geboten schien.

b. Sekundärliteratur

Capra, Fritjof: Das Tao der Physik. Die Konvergenz von westlicher Wissenschaft und östlicher Philosophie. Ffm. 2010

Collani, Claudia von: Von Jesuiten, Kaisern und Kanonen. Europa und China – eine wechselvolle Geschichte. Darmstadt 2012

Hegel, Georg Wilhelm Friedrich: Vorlesungen über die Geschichte der Philosophie. Werke in zwanzig Bänden. Band 18, Ffm. 1979

Jäger, Henrik: Konfuzius und die Aufklärung. https://www.ev-akademie-boll.de/fileadmin/res/otg/ doku /201208_Jaeger.pdf (abgerufen: 15.12.2019)

Jullien, François: Der Umweg über China. Ein Ortswechsel des Denkens. Berlin 2002

Jullien, François: *Über die Wirksamkeit.* Berlin 1999
Schiller, Friedrich: *Über die ästhetische Erziehung des Menschen*. In: Schiller: Ausgewählte Werke. Band II. Stuttgart o. J., S. 237 - 267

Bilder: Eigene Arbeiten
Umschlagbild und Bild auf S.3: Schriftzeichen *yun* (*Wolke*)
S.112: Schriftzeichen *yin* und *yang*

Über den Autor

Jupp Hartmann, geboren am 23. Januar 1956 im Saarland hat Philosophie und Germanistik studiert und lebt als freischaffender Künstler, Autor und Dozent in Hamburg. Von 2003 bis 2008 hielt er sich in China auf, wo er an verschiedenen Pekinger Universitäten unterrichtete und Mitglied der internationalen Künstlergruppe *Yellow Bridge* war.

Veröffentlichungen:

Wie ich lernte das Nutzlose zu lieben
ISBN: 978-3-7345-3577-2

Aufbruch ins Leere – Klimakrise, Muße und Mystik
ISBN-13: 978-3-7504-1836-3

Nei Ye – Der Weg zu innerer Ruhe (aus dem Chinesischen übersetzt und kommentiert von Jupp Hartmann)
ISBN: 978-3-7504-4038-8

Die künstlerischen Arbeiten von Jupp Hartmann finden sich auf **www.jupphartmann.de**